음식과 요리

과학을 꿀꺽!

사진출처

위키피디아_ **34p** / 청동기 시대 토기(Good friend100)　**91p** / 카스마르주(Shardan)

통합교과 시리즈
참 잘했어요 과학 9

과학을 꿀꺽! 음식과 요리

ⓒ 백은영, 2018

1판 1쇄 발행 2018년 4월 20일 | **1판 4쇄 발행** 2023년 2월 20일

글 백은영 | **그림** 이효실 | **감수** 서울과학교사모임
펴낸이 권준구 | **펴낸곳** (주)지학사
본부장 황홍규 | **편집장** 윤소현 | **편집** 박보영 이지연
디자인 이혜리 | **마케팅** 송성만 손정빈 윤술옥 | **제작** 김현정 이진형 강석준
등록 2010년 1월 29일(제313-2010-24호) | **주소** 서울시 마포구 신촌로6길 5
전화 02.330.5263 | **팩스** 02.3141.4488 | **이메일** arbolbooks@jihak.co.kr
ISBN 979-11-6204-024-9　74400
ISBN 979-11-85786-82-7　74400(세트)
잘못된 책은 구입하신 곳에서 바꿔 드립니다.

제조국 대한민국　사용연령 8세 이상
KC마크는 이 제품이 공통안전기준에 적합하였음을 의미합니다.

 아르볼은 '나무'를 뜻하는 스페인어. 어린이들의 마음에
담긴 씨앗을 알찬 열매로 맺게 하는 나무가 되겠습니다.
홈페이지 www.jihak.co.kr/arb/book | **포스트** post.naver.com/arbolbooks

통합교과 시리즈
참 잘했어요 과학 9

음식과 요리

과학을 꿀꺽!

글 백은영 | 그림 이효실 | 감수 서울과학교사모임

지학사아르볼

펴냄 글

 과학은 왜 어려울까?

- 생물, 지구과학, 물리, 화학 등 공부해야 할 범위가 넓다.
- 책이나 교과서를 볼 땐 이해할 것 같다가도 돌아서면 헷갈린다.
- 과학 현상이나 원리가 어려워서 이해가 안 된다.
- 과학 공부를 할 때 어려운 단어가 많이 나온다.

 과학 공부, 쉽게 하려면 통합교과 시리즈를 펼치자!

통합교과란?

- 서로 다른 교과를 주제나 활동 중심으로 엮은 새로운 개념의 교과
- 하나의 주제를 **개념·역사·물리·화학·문화·직업** 등 다양한 영역에서 접근해 정보 전달 효과를 높임
- 문이과 통합 교육 과정에 안성맞춤

이런 학생들에게 통합교과 시리즈를 추천합니다!

과학 교과를 처음 배우는 초등학교 **3학년**

과학이 지겹고 어렵게 느껴지는 **4학년**

개념
개념을 알아야 주제가 보인다!
개념 완벽 정리!

직업
관련된 직업을 살펴보고
나와 맞는 꿈 찾기

역사
과거부터 현재까지,
관련 분야의 역사 지식이
머릿속에 쏙!

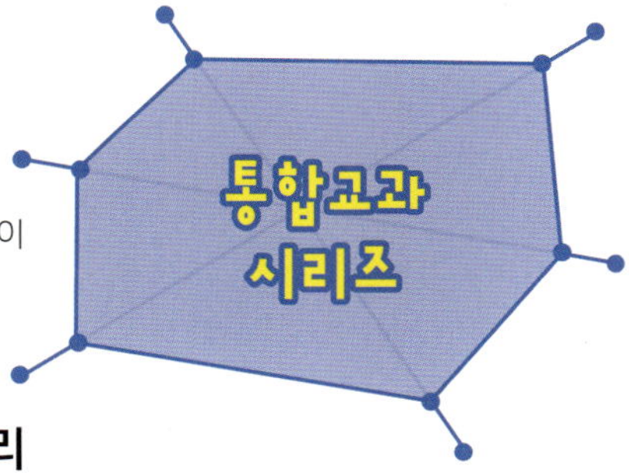

문화
주제와 관련된
문화 분야를 살펴보고
상상력 기르기

물리
과학 분야를 샅샅이
파고들어 주제에 대한
이해력을 쏙!

화학
상태가 변하는 물질을 통해
과학 지식을 쏙!

통합교과 시리즈

차례

1화
심야 식당 오픈 개념 사람이 먹는 모든 것 10

- 16 사람이 먹고 마시는 모든 것 – 음식
- 18 요리와 주식
- 20 요리와 기후
- 24 한 걸음 더 – 옛날 사람들은 어떤 밥을 먹었을까?

2화
요리의 변신 역사 발전하는 요리 26

- 32 향신료와 함께한 요리의 발전
- 34 조리법의 발달
- 36 맛의 진화
- 38 식재료를 찾아서
- 42 한 걸음 더 – 커피와 차의 역사

3화
조리 도구의 비밀 물리 주방에서 만나는 과학 44

- 50 가마솥과 시루
- 52 전자레인지와 인덕션 레인지
- 54 냉장고와 김치냉장고
- 56 다양한 주방 도구
- 60 한 걸음 더 – 조리 도구를 안전하게 사용하자!

4화
조리법이야, 마법이야? `화학` 맛의 풍미를 높여라! 62

- 68 발효의 마법 – 된장과 치즈
- 70 녹는 초콜릿과 굳는 두부
- 72 신김치와 달걀 껍데기로 보는 산과 염기
- 74 말랑말랑한 푸딩과 젤리
- 78 한 걸음 더 – 냄새와 맛의 비밀

5화
듣도 보도 못한 음식의 세계 `문화` 세계의 음식 80

- 86 세계의 아침 식사
- 88 세계의 식사 예절
- 90 세계의 결혼 음식
- 91 세계의 엽기 음식
- 94 한 걸음 더 – 미래의 식재료 : 곤충

6화
심야 카페 바리스타 `직업` 음식과 요리를 만드는 사람들 96

- 102 입을 즐겁게 해 주는 요리사
- 104 빵과 디저트를 만드는 제빵사와 파티쉐
- 106 달콤함의 마법사 쇼콜라티에
- 107 커피를 만드는 바리스타
- 110 한 걸음 더 – 미식의 세계 : 미쉐린 가이드

- 112 워크북
- 124 정답 및 해설
- 126 찾아보기

등장인물

나똑똑 박사

음식과 요리에 대해 아는 게 많은 똑똑한 박사예요. 책을 보며 음식 분야에 대해 공부하는 걸 좋아하다 보니 식사 시간을 자주 놓쳐요. 그래서 밤 12시에 여는 심야 식당이 생긴 것을 알고 매우 기뻐했답니다. 하지만 심야 식당에 갈 때마다 곤란한 일이 계속 생기는데…….
과연 나똑똑 박사는 심야 식당의 단골손님이 될 수 있을까요?

억울해 요리사

심야 식당 주인이에요. 원래 이름은 따로 있지만, 언제나 억울하다는 말을 달고 살다 보니 모두가 억울해 요리사라고 불러요. 평소에는 소심하지만, 억울한 일이 있으면 불같이 화를 낸답니다. 야심 차게 심야 식당을 개업했는데, 이를 어쩌지요? 요리에 대한 손님들의 불만이 계속 이어지네요. 과연 억울해 요리사는 심야 식당을 계속 운영할 수 있을까요?

- 사람이 먹고 마시는 모든 것 - 음식
- 요리와 주식
- 요리와 기후

한눈에 쏙 - 사람이 먹는 모든 것
한 걸음 더 - 옛날 사람들은 어떤 밥을 먹었을까?

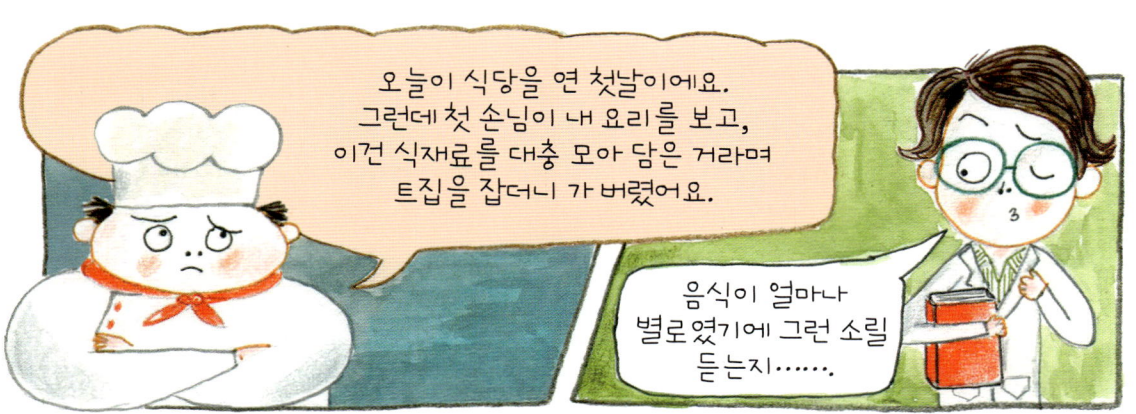

사람이 먹고 마시는 모든 것 - 음식

음식은 사람들이 먹고 마시는 모든 것이에요. 그렇다면 최초의 음식은 과연 어떤 것이었을까요?

최초의 음식은 자연 그대로의 날것

구석기 시대는 지금으로부터 70만 년 전에서 1만 년 전에 해당하는 시기예요. 그전까지 사람들은 원숭이와 큰 차이가 없었어요. 하지만 이때부터 뇌가 세 배 정도 커졌고, 두 다리로 똑바로 서게 되었어요. 양발로 걷자 더 먼 곳을 보게 되었고, 손을 자유롭게 사용했지요.

구석기 사람들은 자유로워진 손발로 짐승이나 물고기를 사냥하여 날고기를 먹었어요. 또 씨앗이나 열매를 따 먹었답니다.

요리의 시작은 불

요리는 음식을 여러 과정을 거쳐서 만든 것을 말해요. 그중에서도 주로 불을 이용한 음식을 뜻하지요. 최초의 요리가 불로 조리한 것이기 때문이랍니다.

구석기 사람들은 어느 날, 불에 익힌 음식이 훨씬 부드럽고 맛있으며, 소화가 잘된다는 사실을 깨달았어요. 특히 날고기를 익히면 그 안에 든 기생충이나 병균을 없앨 수 있어 질병을 막을 수 있었지요.

이처럼 사람은 불을 사용하면서 요리를 시작했고, 더 오래 살게 되었어요. 또한 불은 캄캄한 밤에 스스로를 지킬 수 있는 강력한 무기도 되었답니다.

TIP

구석기인들의 요리법

고기나 딱딱한 채소는 불 속에 넣어 직접 구우면 겉만 탈 뿐, 속이 제대로 익지 않아요. 그래서 구석기인들은 더 맛있게 먹기 위해 요리법을 개발했어요.

돌판 위에 납작하게 자른 고기를 올리고, 돌 아래 불을 지펴 구워 먹었어요.

새의 몸통을 진흙으로 감싸서 불구덩이에 넣어 익혀 먹었어요.

동물의 위장을 주머니 냄비로 활용하여, 날고기와 물 그리고 뜨겁게 달군 돌을 넣어 익혀 먹었어요.

요리와 주식

구석기 사람들은 차츰 불의 소중함을 깨달았어요. 음식을 조리하려면 어렵게 얻은 불꽃을 꺼뜨리지 않고 잘 지켜야 했거든요. 그리하여 불을 지키는 사람이 생겨났고, 불을 신성한 것으로 받들게 되었어요.

불이 있어 정말 다행이야!

구석기는 매우 추웠어요. 그러다 1만 년 전쯤, 날이 따뜻해지면서 식물들이 많이 자랐고 짐승의 수도 늘었지요. 이때부터를 신석기라고 해요.

구석기 사람들은 먹을 것을 구하기 위해

TIP

최초의 사냥 무기이자 조리 도구 주먹 도끼

구석기 사람들은 주먹 도끼를 이용하여 짐승을 사냥했어요. 돌을 깨뜨려 떼어 내서 만든 도구라 하여 뗀석기라고도 해요. 주먹에 쥐고 사용하는 주먹 도끼는 잡아 온 짐승의 털과 가죽을 분리할 때도 쓰였지요. 또 땅을 파서 풀을 캐는 데도 사용했어요.

신석기에도 돌을 사용했어요. 이때 만든 주먹 도끼는 돌을 갈아 만들어서 간석기라고 한답니다.

구석기에 사용한 뗀석기   신석기에 사용한 간석기

계속 돌아다니다가, 추위와 짐승을 피해 동굴로 들어가서 잠을 잤어요. 하지만 신석기 사람들은 먹을 것이 많아지자 강가와 바닷가에 움집을 짓고 살았어요. 음식을 요리하기 위한 화덕도 만들었어요. 추울 때는 집 안에, 따뜻할 때는 집 밖에 마련했지요.

사람들은 점차 한곳에 머물러 살면서 마을을 이루었어요. 그들은 자연 속에서 먹이를 구하는 데만 그치지 않고, 힘을 합쳐 농사를 짓는 데 힘을 쏟기 시작했답니다.

그중에서도 쌀과 밀 농사가 크게 발전했어요. 농작물은 다 키운 뒤에 보관하기 쉬웠고, 먹으면 고기만큼이나 배부르고 힘이 났어요. 그리하여 쌀과 밀은 '주로 먹는 음식'이라는 뜻의 주식이 되었지요.

주인, 중심 주　먹을 식

주식이 된 빵

신석기 사람들은 빵의 주재료인 밀을 제일 먼저 길렀어요. 다 키운 밀은 거두어들여 가루를 낸 다음, 화덕에 구워 빵을 만들어 먹었지요. 지금도 이 방식으로 빵을 만들어 주식으로 먹는 지역이 있답니다.

이집트 에이시 둥근 공 모양으로, 속이 텅 비어 있어요.

인도 난 잎사귀 모양으로, 주로 카레에 찍어 먹어요.

이스라엘 마짜 보통의 빵과는 달리, 납작하고 바삭해요.

요리와 기후

사람들이 농사를 열심히 짓기 시작하면서 각종 도구가 발전했어요. 물론 돌로 만든 도구도 계속 사용했지만 구리나 주석, 철 같은 금속을 이용하여 튼튼한 농기구와 조리 도구를 만들었답니다. 이른바 청동기 시대, 더 나아가 철기 시대가 열린 것이지요.

냉대 기후 지역
거의 매일 추운 날씨라서 식물이 별로 없어요. 요리의 종류가 적고, 맛은 주로 담백하거나 싱겁지요. 고기와 생선을 많이 먹고 치즈와 요구르트 같은 유제품이 발달했답니다.

건조 기후 지역
매우 덥고 건조한 지역이라 뜨거운 햇빛에 말린 건조식품이 발달했어요. 주로 양고기를 많이 먹어요. 공기가 건조하기 때문에 기름기가 많은 견과류와 버터를 많이 먹어 피부와 장기를 보호해요.

열대 기후 지역
주로 주식이 찰기 없는 쌀밥이에요. 무엇을 키워도 쑥쑥 잘 자라기 때문에 빵을 주식으로 하는 나라도 많아요. 요리의 종류는 온대 기후보다 적지만, 다양한 향신료를 써서 화려한 맛을 즐겨요. 또한 열대 과일이 잘 자라서 다양한 과일을 식재료로 쓴답니다.

이에 힘입어 크고 작은 나라들이 생겼어요. 지구 어느 곳에 위치해 있느냐에 따라 각 나라의 요리 문화가 달라졌지요. 특히 지역의 평균 날씨인 '기후'의 영향이 가장 컸어요. 기후에 따라 그곳에서 자라는 식물과 사는 동물들이 달랐기 때문이랍니다.

한대 기후 지역

북극 주변의 나라들은 영하의 날씨가 대부분이에요. 6개월 동안 해가 뜨지 않는 지역도 있지요. 그래서 식물이 거의 없고, 순록이나 생선 등을 잡아 단백질 위주의 식사를 해요. 식재료가 적어서 요리의 종류도 매우 적답니다.

온대 기후 지역

따뜻한 지역이라 다양한 식물이 자라요. 그래서 곡류와 채소를 이용한 요리가 많지요. 조리법도 다양하게 발달했어요. 옛날에 소는 주로 농사일을 도왔기 때문에 소고기는 매우 귀한 음식이었답니다.

고산 기후 지역

높은 산에 자리 잡은 지역이에요. 기후가 늘 서늘하기 때문에 감자와 옥수수 등이 잘 자란답니다.

한눈에 쏙!

사람이 먹는 모든 것

최초의 음식

- 음식 : 사람이 먹고 마시는 모든 것
- 구석기 시대 : 지금으로부터 70만 년 전에서 1만 년 전에 해당하는 시기
- 구석기 사람들의 음식 : 짐승이나 물고기를 사냥하여 날고기를 먹음
  씨앗이나 열매를 따 먹음
- 불을 이용하면서 요리가 시작됨
- 불에 익힌 음식 : 날것보다 훨씬 부드럽고 맛있으며 소화가 잘됨
  기생충이나 병균을 없앨 수 있어 질병을 막음
- 불을 사용하여 요리 발전 ⋯▶ 불을 신성하게 여김

요리와 주식

- 신석기 : 1만 년 전, 날이 따뜻해지면서 동식물의 수가 늘던 시대
- 신석기 사람들은 강가나 바닷가에 움집을 짓고 한곳에 머묾
- 쌀과 밀 농사가 크게 발전 ⋯▶ 주식이 됨
- 주식 : 주로 먹는 음식

주인, 중심 주   먹을 식

요리와 기후

- 금속을 이용하여 농기구나 조리 도구 등을 만드는 청동기 시대, 철기 시대가 열림
- 무기가 생기면서 크고 작은 나라가 생김
- 위치에 따라 각 나라의 요리 문화가 달라짐 ⋯▶ 기후에 따라 각 지역에서 나는 식재료인 동식물이 다르기 때문
- 한대 기후 지역 : 매우 추운 곳으로, 순록이나 생선 등을 먹음
- 냉대 기후 지역 : 추운 곳으로, 고기와 생선, 유제품 등을 먹음
- 건조 기후 지역 : 덥고 건조한 지역이라 햇빛에 말린 음식이 많음
- 온대 기후 지역 : 따뜻한 곳이라 곡류와 채소 등 식재료가 다양함
- 고산 기후 지역 : 서늘한 지역이라 감자, 옥수수 등이 잘 자람
- 열대 기후 지역 : 햇빛이 강해서 과일 같은 식물이 잘 자람

한 걸음 더!

옛날 사람들은 어떤 밥을 먹었을까?

한반도에서는 1만 년 전부터 볍씨가 자랐어요. 본격적으로 벼농사를 짓기 시작한 건 5,000년 전이지요. 지금처럼 전기밥솥이나 압력 밥솥이 없던 시절, 선사 시대 사람들은 어떻게 밥을 지어 먹었을까요?

신석기 시대는 역사 기록이 남아 있지 않아요. 청동기나 철기 시대에 대한 기록도 거의 없지요. 그러므로 남겨진 흔적을 바탕으로 추리를 해야 해요.

신석기 시대

증거 1	증거 2	증거 3
벼를 부숴 쌀알을 걸러 내는 갈판	불에 달군 흔적이 있는 토기	오랜 시간이 흘러 탄소로 변한 볍씨

 +  +

⋯▶ 이 시대의 토기는 흙으로 빚어 말린 것이라 온도가 너무 높으면 부서져요. 따라서 충분히 익지 않은 밥을 먹었어요.

청동기 시대

⋯▶ 단단한 재질의 토기와 흙으로 만든 시루에 밥을 지어 먹었어요. 흙 시루에 지은 밥은 수분이 거의 없고 흙냄새가 많이 나서, 주로 죽 형태로 만들어 먹었답니다.

철기 시대

⋯▶ 쇠솥이 만들어지면서 음식을 더 맛있게 만들어 먹었어요.

★ **절굿공이** 곡식을 빻거나 찧을 때 사용하는 도구

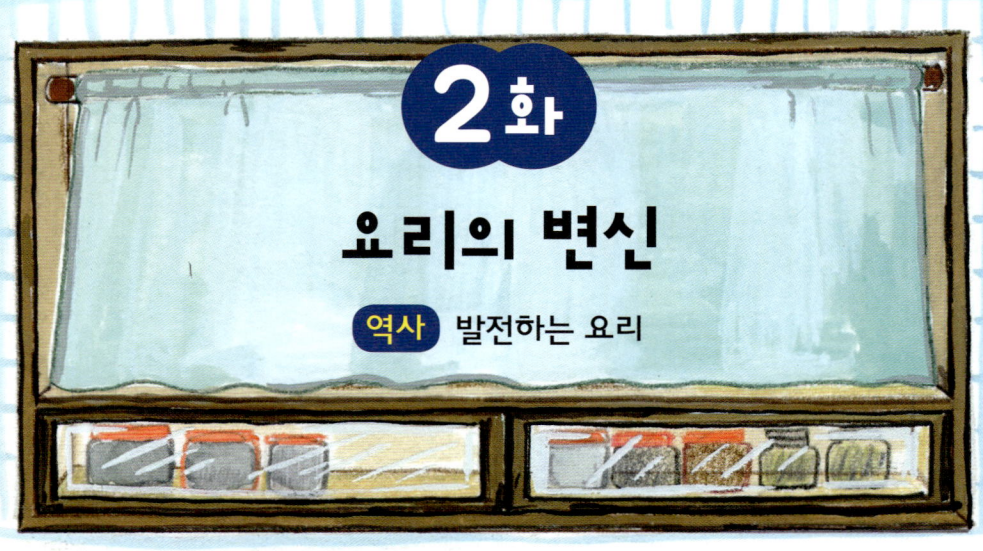

2화
요리의 변신
역사 발전하는 요리

- 향신료와 함께한 요리의 발전
- 조리법의 발달
- 맛의 진화
- 식재료를 찾아서

한눈에 쏙 - 발전하는 요리
한 걸음 더 - 커피와 차의 역사

딤섬 레시피

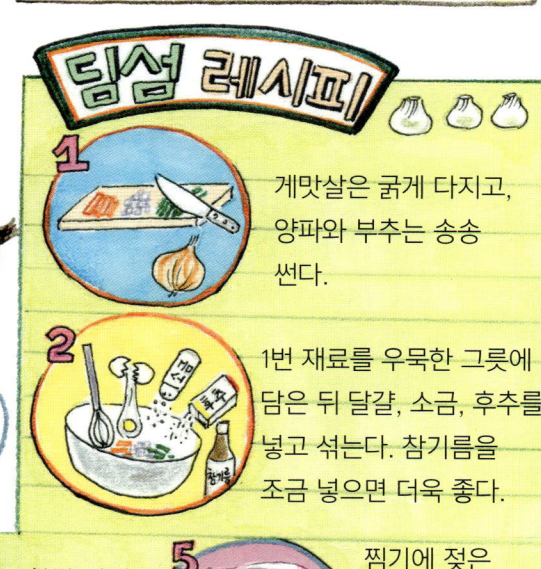

1. 게맛살은 굵게 다지고, 양파와 부추는 송송 썬다.
2. 1번 재료를 우묵한 그릇에 담은 뒤 달걀, 소금, 후추를 넣고 섞는다. 참기름을 조금 넣으면 더욱 좋다.

3. 찹쌀가루를 따뜻한 물에 반죽해 얇게 밀어 피를 만든다. 어렵다면 라이스페이퍼를 사서 써도 된다.

4. 찹쌀 피에 2번 재료를 올리고, 오므려 감싼다.

5. 찜기에 젖은 면포를 깐 뒤 4번을 올리고 중간 불에 10분간 찐다.

6. 다 익은 딤섬을 간장과 식초를 섞어 만든 양념장에 콕 찍어 먹는다!

발전하는 요리 • 31

향신료와 함께한 요리의 발전

최초의 요리책은 약 2,300년 전에 로마에서 만들어졌어요. 당시 로마는 세계에서 가장 힘센 나라였어요. 그들은 음식을 단순히 불에 익히는 것이 아니라, 향신료를 넣어서 독특한 맛을 냈지요. 또 소스를 곁들여 먹는 요리법도 발전시켰답니다.

마법 같은 향신료의 효과

우리가 사용하는 냉장고는 음식을 오래 보관하게 해 줘요. 옛날에는 이런 시설이 없었기 때문에 음식물을 오래 보관할 수 있는 다른 방법을 찾아야 했어요. 고대 사람들은 음식물을 주로 소금에 절이거나 말렸어요. 하지만 오래 두고 먹으려다 보니 나쁜 냄새가 났어요. 이를 해결하기 위해 향신료를 사용했답니다. 향신료는 음식의 향과 맛을 좋게 했어요. 또 세균을 없애는 효과도 있기 때문에 식재료를 보관할 때 큰 도움이 됐답니다.

로마에서 가장 많이 사용한 향신료는 후추예요. 후추는 인도에서 자라는 후추나무 열매지요.

후추의 이동 경로

인도에서 유럽으로 건너간 향신료

고대 로마인들이 좋아한 향신료는 후추, 계피, 생강 등이었어요. 특히 후추를 가장 좋아했지요.

아라비아 상인들은 인도의 후추를 비롯한 다양한 향신료를 먼 지역에 가져가 팔았어요. 향신료는 인도에서 유럽으로 옮겨 갈수록 점점 비싸졌지요. 따라서 대부분의 향신료는 왕이나 귀족들만 구할 수 있는 귀한 재료였어요. 반면 마늘은 쉽게 구할 수 있어서 로마 평민들이 즐겨 먹는 향신료였어요.

유럽 사람들은 1400년 이후에 바닷길을 이용하여 먼 곳까지 나아가 더 많은 향신료를 구해 먹었답니다.

우리나라 최초의 요리책 《산가요록》

《산가요록》은 우리나라 최초의 요리책이에요. 조선 초기의 의원 전순의가 지었어요.
이 책에는 식품, 농작물, 축산 등 농업에 대한 정보와 밥, 국, 떡, 김치 등 다양한 음식의 조리법이 담겨 있어요.

 ## 조리법의 발달

우리나라가 있는 동아시아에서도 예부터 요리 문화가 발달했어요. 우리 땅에서는 5,000년 전부터 벼농사를 시작했어요. 2,300년 전부터는 청동기가 발달하면서 더욱 활발히 농사를 지었지요. 쌀로 밥을 지어 먹으면서 자연스럽게 반찬을 곁들이게 되었답니다.

밥과 반찬의 발달을 불러온 솥과 토기

초기에 주로 먹은 반찬으로는 콩으로 만든 장, 고기나 해산물로 만든 포, 생선이나 알을 절여 만든 젓갈, 채소 절임 등이 있어요. 이러한 음식이 발전한 건 고조선 때, 품질 좋은 솥과 토기를 만들면서부터예요.

삼국 시대에 쇠로 만든 솥이 발달하자 더욱 맛있는 밥을 지어 먹었어요. 밥알이 골고루 윤기 있고 부드럽게 익었기 때문이에요.

또한 물이 새지 않는 단단한 토기를 만들어 간장이나 젓갈, 식초, 술과 같은 액체 식품을 오랫동안 보관하게 되었답니다.

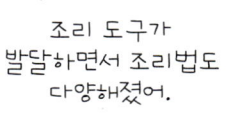
조리 도구가 발달하면서 조리법도 다양해졌어.

시루(위)와 솥(아래)

토기

고구려 고분 벽화 속 고대인의 식탁

국내성*이 있던 중국 지안과 북한 황해도에는 고대에 만들어진 무덤인 고분이 여럿 남아 있어요. 고분에 그려진 벽화를 보면 우리나라 조리법이 당시 얼마나 발달했는지 알 수 있어요.

무용총 〈접객도〉 이 벽화에는 시중드는 하인이 손에 칼을 들고 맥적을 자르려는 모습이 그려져 있어요. 맥적은 간장에 절여 양념한 멧돼지를 숯불에 구운 요리예요.

맥적은 다른 지역 요리보다 훨씬 발전된 요리였어요. 당시 중국인과 로마인들은 고기를 구워 양념에 찍어 먹었거든요.

안악3호분 아래 왼쪽 그림을 보면 지렛대와 도르래를 이용한 우물 옆에 주둥이가 좁고 배가 부른 항아리 두 개가 놓여 있어요. 학자들은 이를 간장독일 것으로 추측해요. 이렇게 생긴 항아리에 담근 장이 잘 익거든요. 당시 고구려 사람들은 장을 잘 담그기로 유명했대요. 오른쪽에 주방을 그린 벽화에는 시루와 부뚜막 등의 조리 도구를 볼 수 있어요.

★ **국내성** 삼국 시대 초기의 고구려 수도

맛의 진화

　로마가 있던 유럽 대륙과 인도가 있던 아시아 대륙 사이에는 아랍인들이 살고 있는 아라비아반도가 자리하고 있어요.

　아랍인들은 로마 제국이 476년에 멸망할 무렵, 바그다드를 수도로 하는 이슬람 제국을 세웠어요. 그곳의 왕은 술탄이라 불렸고, 당시 바그다드에는 100만 명 이상이 살았답니다.

　바그다드에는 로마와 인도의 식재료들이 많이 흘러들었어요. 이곳에 살던 아랍인들은 자신들의 음식에 동서양의 식재료를 섞어 자신들만의 요리 문화를 꽃피웠지요. 그중에서도 오늘날 모로코의 국민 요리가 된 타진 요리가 가장 발달했어요. 타진 요리는 고기, 과일, 채소를 담아 오랜 시간 약한 불에 끓여 만든 요리예요.

타진이란 이렇게 생긴 독특한 모양의 냄비를 뜻합니다. 물이 끓을 때 날아가는 수증기를 뚜껑 안 좁은 곳에 가두었다가 다시 음식 속으로 돌려보내지요.

적은 양의 물로도 요리가 가능했겠네. 물이 적은 사막에 알맞은 요리법이군!

설탕의 이동과 디저트의 탄생

설탕은 볏과 식물인 사탕수수를 짜내서 얻는 식재료예요. 고대 인도에서는 사탕수수가 많이 자랐어요. 인도 사람들은 요리할 때 사탕수수에서 얻은 설탕을 사용하였어요.

그 후 설탕은 시간이 지나면서 동쪽의 중국, 서쪽의 아랍과 유럽으로 전해졌어요. 우리나라에는 삼국 시대에 처음으로 설탕이 들어왔지요. 하지만 매우 귀했기 때문에 약으로 사용했고, 왕이나 높은 신분의 사람들만 겨우 먹을 수 있었어요.

아랍 상인들은 8세기 무렵에 인도로부터 사탕수수를 들여왔어요. 인도와 기후가 비슷해서 사탕수수가 잘 자랐지요. 그 후 설탕을 이용해서 식사 후에 먹는 디저트를 많이 개발했답니다.

설탕을 지나치게 많이 먹으면 건강에 해롭단다!

아랍인들의 디저트

아랍 사람들은 예부터 설탕을 이용해 달달한 디저트를 많이 개발했어요. 대표적인 디저트로 터키식 젤리 '터키쉬 딜라이트', 겹겹이 쌓은 반죽에 견과류를 넣고 시럽을 뿌린 파이 '바클라바', 부드러운 치즈에 달콤한 시럽을 뿌린 '코나파' 등이 있어요.

터키쉬 딜라이트

식재료를 찾아서

로마가 멸망한 뒤 1,000년이 흐르는 동안 유럽에는 수많은 나라가 세워졌어요. 하지만 요리 문화는 비슷했지요. 향신료를 듬뿍 넣은 요리가 많았고, 고기와 빵이 주식이었어요.

콜럼버스의 아메리카 대륙 도착과 식재료의 대이동

1492년, 이탈리아의 탐험가 콜럼버스가 스페인 왕의 지원을 받아 향신료의 나라, 인도로 가는 뱃길을 찾아 떠났어요. 하지만 콜럼버스가 도착한 곳은 인도가 아닌 아메리카 대륙이었답니다. 이 사건을 계기로 아메리카 대륙의 다양한 식재료가 유럽에 전해졌어요. 가장 대표적인 것이 감자, 토마토, 파인애플, 고추, 그리고 초콜릿의 원료인 카카오랍니다.

TIP
매운맛으로 세계인을 사로잡은 고추

콜럼버스는 고추가 후추인 줄 알고 스페인으로 가져갔어요. 그 후 고추는 유럽에 널리 전해졌어요. 고추의 주요 성분인 캡사이신의 매콤함 때문에 빠르게 퍼졌지요. 조선에는 16세기 말에 재배가 시작됐고, 그 후 조선의 밥상에 엄청난 변화가 일어났어요. 백김치가 고춧가루를 넣어 만든 빨간 김치로 변했고, 고추장을 만들어 먹었답니다.

명화 속에 숨은 식재료

아메리카 대륙의 식재료가 널리 전해지면서 유럽의 식탁에는 상상도 못했던 식재료들이 오르기 시작했어요. 더 이상 향신료를 고집하지 않고 레몬과 소금, 약간의 후추로만 간을 한 음식들이 사랑받기 시작했지요. 명화를 통해 당시 식문화를 살펴봐요.

빈센트 반 고흐의 〈감자 먹는 사람들〉

그림 속 사람들은 포크로 감자를 먹고 있고, 한쪽에선 어머니가 커피를 따르고 있어요.

페테르 클라스의 〈음료 잔이 있는 정물〉

그림에서 오른쪽을 보면 생선 스테이크가 보이지요? 그 위를 보면 허브를 뿌려서 맛과 향을 더한 것을 알 수 있어요.

장 에티엔 리오타르의 〈초콜릿을 나르는 처녀〉

리오타르는 스위스 화가예요. 스위스는 유럽에서 가장 늦게 초콜릿이 전해진 나라지요. 아침 식사로 따뜻한 초콜릿 한 잔을 마시는 것이 당시 부자들이 누리던 최고의 사치였답니다.

한눈에 쏙!

발전하는 요리

향신료와 함께한 요리의 발전

- 최초의 요리책 : 약 2,300년 전에 로마에서 만듦
- 향신료나 소스를 곁들여 먹는 요리법을 발전시킴
- 향신료의 효과 : 음식물을 오래 보관할 수 있게 함
  - 음식의 향과 맛을 좋게 함
  - 세균을 없애는 효과가 있음
- 고대 로마인들이 좋아한 향신료 : 후추, 계피, 생강 등
- 후추 : 인도에서 자라는 후추나무의 열매
- 대부분의 향신료는 인도에서 유럽으로 옮겨 감 ⋯→ 이동하면서 점점 가격이 오름

후추의 이동 경로

조리법의 발달

- 농기구의 발달로 농사가 활발해졌고, 쌀로 밥을 지어 먹게 되자 자연스럽게 반찬을 곁들이게 됨
- 초기의 반찬 : 콩으로 만든 장, 고기나 해산물로 만든 포, 생선이나 알을 절여 만든 젓갈, 채소 절임 등
- 반찬의 발달은 고조선 때 품질 좋은 솥과 토기를 만들면서 시작됨

- 삼국 시대에 쇠로 만든 솥이 발달하자 밥을 더 맛있게 지음
- 고구려 고분 속 벽화를 통해 예부터 우리나라의 조리법이 크게 발달했음을 알 수 있음

맛의 진화

- 로마 제국이 멸망할 무렵, 아랍인들의 세력이 커짐
- 유럽 대륙과 아시아 대륙 사이에 살던 아랍인들이 이슬람 제국을 세움
- 이슬람 제국의 수도 바그다드로 로마와 인도의 식재료가 흘러들어옴
- 아랍인들이 만든 타진 요리 : 고기, 과일, 채소를 타진 냄비에 넣고 약한 불에 끓여 만듦
- 인도로부터 설탕을 들여와 요리에 사용함

식재료의 대이동

- 1492년 이탈리아의 탐험가 콜럼버스가 인도로 가는 뱃길을 찾아 떠남
  ⋯ 그러나 그가 도착한 곳은 인도가 아닌 아메리카 대륙이었음
- 아메리카 대륙의 다양한 식재료가 유럽에 전해짐
- 대표적인 재료 : 감자, 토마토, 파인애플, 고추, 카카오 등

한 걸음 더!

커피와 차의 역사

커피와 차는 전 세계인이 좋아하고 즐겨 마시는 음료예요. 그렇다 보니 나라마다 할 말이 참 많답니다. 어떤 말을 하는지 들어 보면서 커피와 차의 역사를 짚어 볼까요?

❶ 에티오피아
우리가 커피의 원조 국가야. 염소가 커피를 먹고 기분 좋아 하는 걸 보고 발견했지.

❷ 예멘
커피가 인기를 끌자 우리는 본격적으로 재배했어. 원두를 갈아 커피를 만드는 방법도 우리가 발명했지.

❸ 이탈리아
설탕과 우유를 듬뿍 넣은 카페라떼를 비롯해, 에스프레소와 카푸치노를 만든 건 바로 우리야.

❹ 브라질
프랑스 파리에서 커피를 가져와 심었고, 현재는 전 세계 커피의 40퍼센트 이상이 이곳에서 생산돼.

❺ 미국
우린 홍차를 즐겨 마셨어. 하지만 영국인들이 홍차를 너무 비싸게 팔자 커피를 더 자주 마시게 되었지. 결국 전쟁을 통해 우린 영국으로부터 독립했단다.

❻ 중국
차의 원조는 바로 우리야. 지금도 윈난성에는 3,200년 된 야생 차나무를 볼 수 있단다.

❼ 대한민국
고려 시대에 차를 올리는 제사인 차례를 지낼 정도로 차를 좋아했어. 청자로 만든 찻잔은 매우 유명했지.

❽ 일본
중국에서 차를 수입했어. 경건하고 우아하게 찻잎을 갈아 만들어 마시는 다도법을 만들었어.

❾ 인도
홍차에 향신료와 우유를 듬뿍 넣어 만든 차이를 즐겨 마셔. 전 세계 홍차의 35퍼센트가 인도에서 생산된단다.

❿ 영국
우린 오후 4시가 되면 차를 마시는 시간을 갖는단다. 스콘과 함께 먹는 홍차는 언제나 최고지!

- 가마솥과 시루
- 전자레인지와 인덕션 레인지
- 냉장고와 김치냉장고
- 다양한 주방 도구

한눈에 쏙 - 주방에서 만나는 과학
한 걸음 더 - 조리 도구를 안전하게 사용하자!

① 슬라이스 치즈를 사방 2센티미터 크기로 네모나게 자른다.

② 전자레인지용 접시에 종이 포일을 깐다.

③ 종이 포일 위에 1번 재료를 2센티미터 간격으로 놓는다.

④ 치즈 위에 바질 가루나 허브 솔트(소금)를 살짝 뿌린다. 짠 게 싫으면 안 뿌려도 된다.

⑤ 전자레인지에 넣고 1분 30초 동안 돌리면 부풀어 오른다. 전자레인지마다 세기가 다르므로 1분이 적당할 수도 있고 2분이 적당할 수도 있다.

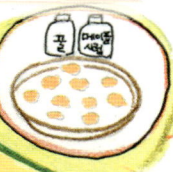

⑥ 접시에 담아 꿀이나 메이플 시럽을 곁들여 먹는다.

가마솥과 시루

불 위에 올려 둔 음식을 보면 다양한 변화를 관찰할 수 있어요. 끓기도 하고, 익기도 하고, 색깔도 변하지요. 이러한 변화가 일어나는 건 바로 불이 내는 '열' 때문이에요.

우리나라는 고대부터 열을 효과적으로 다루어서 요리를 만드는 기술이 뛰어났어요. 가장 대표적인 것이 가마솥과 시루예요.

열의 전달과 압력을 이용한 가마솥

가마솥 뚜껑은 무쇠로 만들어서 아주 무거워요. 이 때문에 열이 밖으로 빠져나가지 못해 압력이 높아지면서 물의 온도가 100도 이상으로 올라가요.  100도 이상에서 지어진 밥은 낮은 온도에서 지어졌을 때보다 훨씬 촉촉하고 맛있어요.

가마솥 바닥은 둥그렇게 생겼는데 불이 닿는 부분은 두껍고, 불이 닿지 않는 부분은 얇아요. 열은 금속의 두께가 얇을수록 잘 전달돼요. 이 때문에 열이 가마솥 전체에 골고루 전달되어 누룽지도 잘 만들어진답니다.

이 원리를 이용한 현대 조리 기구가 전기 압력 밥솥이에요. 뚜껑을 걸쇠로 잠그는 것은 가마솥 뚜껑처럼 압력을 높이는 역할을 한답니다.

보통 물은 100도 이상 오르지 않지만, 압력이 높을 때는 훨씬 높은 온도로 올라가요.

열의 대류와 기화열을 이용한 시루

바닥에 구멍이 뚫려 있는 시루

기화열을 만들어 내는 솥

솥에 물을 담아 끓이면 열에 의해 아래쪽 물이 뜨거워져요. 뜨거운 물은 위로 올라가려는 성질이 있기 때문에, 위에 있던 차가운 물이 대신 아래로 내려와요. 이 과정이 반복되면 물이 빙글빙글 돌면서 열이 골고루 전달되는데, 이를 열의 대류라고 해요.

솥 위에 올리는 시루의 바닥에는 구멍이 뚫려 있어요. 대류에 의해 끓기 시작하는 물은 조금씩 수증기가 되어 위로 올라가지요. 이 수증기는 열을 품고 있어요. 이 열을 기화열이라고 부른답니다.

구멍을 통해 위로 올라간 기화열은 시루에 있는 음식을 골고루 익혀요. 이 원리를 이용한 현대 조리 기구가 찜기랍니다.

TIP

냄비보다 뚝배기

식당에서 탕이나 찌개를 흙으로 만든 뚝배기에 담아 주는 이유는 무엇일까요? 뚝배기는 금속 냄비에 비해 열의 전달 속도가 느려서 빨리 식지 않아요. 그래서 오랫동안 뜨끈한 상태에서 음식을 먹을 수 있답니다.

전자레인지와 인덕션 레인지

요즘은 불을 사용하지 않고도 음식을 익힐 수 있는 전자 제품들이 있어요. 대표적으로 전자레인지와 인덕션 레인지가 있어요.

음식을 간편하고 빠르게 데우는 전자레인지

전자레인지는 불이 아니라 마이크로파라고 하는 전자기파를 이용하는 조리 도구예요. 전자기파는 물에 빨려 들어가 매우 빠르게 진동하는 성질이 있어요. 대부분의 음식에는 물이 들어 있어요. 그래서 음식에 전자기파를 쏘면 물이 음식 속에서 빠르게 진동하여 열이 생기지요. 이 과정에서 음식이 익거나 끓는답니다.

불을 이용하여 음식을 만들면 겉부터 속으로 익어 들어가요. 하지만 전자레인지를 이용하면 전체적으로 동시에 익어요. 수분이 음식물에 골고루 퍼져 있기 때문이에요. 그래서 전자레인지를 이용한 음식은 쉽게 타지 않는답니다.

① 촘촘한 그물망이 덧대어져 있어요. 전자기파가 밖으로 새어 나오지 못하도록 막은 거예요.

② 전자기파가 음식에 닿으면 그 속으로 들어가 뜨겁게 해요.

③ 바닥에는 음식을 골고루 데우기 위한 회전 접시가 달려 있어요.

④ 전자기파를 만드는 마그네트론이 있어요.

전자기파는 수분을 진동시키며 증발시켜요. 그래서 전자레인지에 돌린 팝콘은 바삭하고 맛있어요.

화상의 위험이 없는 인덕션 레인지

인덕션 레인지는 자기장★을 이용해 열을 만들어 사용하는 조리 도구예요. 인덕션 레인지는 자석처럼 쇠붙이를 끌어당기는 힘을 이용하여 열을 내요. 그러므로 여기에 사용하는 냄비는 자석에 붙는 금속 재질이어야 한답니다. 짧은 시간 안에 높은 열을 낼 수 있기 때문에 편리해요. 또한 가스레인지나 전자레인지보다 안전하고 효율이 높아요.

★ **자기장** 자석처럼 쇠붙이를 끌어당기는 힘이 영향을 주는 공간
★ 인덕션 레인지와 비슷하게 생긴 '하이라이트'라는 전기 레인지는 자기장을 이용한 조리 도구가 아니므로, 화상의 위험이 있으니 주의해야 해요.

전자레인지 사용할 때 주의 사항

① 일반 플라스틱이나 스티로폼으로 만든 용기는 열에 약하므로 사용하면 안 돼요. 녹거나 불이 날 수 있으며, 몸에 나쁜 성분이 흘러나올 수 있어요.

② 종이 포장지를 그대로 감싼 채 음식을 돌리면 불이 날 수 있어요.

③ 금속으로 된 그릇이나 알루미늄 포일, 은박 접시를 사용하면 전자기파가 반사되어 음식이 데워지지 않을 뿐더러 불꽃이 일어나 불이 날 수 있어요.

④ 꽉 막힌 음식 용기를 넣으면 폭발의 위험이 있으므로, 반드시 뚜껑을 열거나 구멍을 뚫어 데워요.

전자레인지 전용 그릇을 이용해야 안전해요.

냉장고와 김치냉장고

냉장고와 김치냉장고는 식재료와 식품을 신선하게 보관하기 위한 전자 제품이에요. 냉장고에 있는 냉동실은 식품을 얼려 빨리 썩지 않게 하고, 언제나 원하는 만큼 얼음을 얼릴 수도 있지요.

냉장고가 발명되기 전까지, 사람들은 여름에도 얼음을 쓰기 위해 겨울에 잔뜩 모아서 서늘한 곳에 보관했어요. 우리나라에는 동빙고, 서빙고라 불리는 얼음 보관 창고가 있었어요. 하지만 보관할 수 있는 양이 아주 적어 오로지 왕과 왕족만 사용할 수 있었어요.

냉장고는 매우 과학적으로 설계되었어요. 뜨거운 공기는 위로 올라가고 차가운 공기는 아래로 내려가는 열의 움직임을 이용했답니다.

문을 열면 바깥에 있는 따뜻한 공기가 들어가 냉장고의 온도를 높여요. 그러므로 쉽게 상하는 식품은 냉장실에 넣으면 안 돼요.

문을 위아래로 여닫는 형태의 김치냉장고는 문을 열 때 위에 고여 있는 덜 차가운 공기가 빠져나가요.

야채 보관실이 냉장고 맨 아래 있는 이유는 차가운 공기가 아래 고이기 때문이다.

차가운 공기가 밑바닥에 고여 차가운 기운을 유지한다.

냉장고에 담긴 과학

냉장고 뒤쪽에는 기계 안을 낮은 온도로 유지해 주는 액체가 흘러요. 이를 '냉매'라고 해요. 1930년대에는 냉매의 주재료로 프레온 가스를 사용했어요. 하지만 이 가스가 오존층을 파괴한다는 사실이 밝혀졌어요. 오존층이 파괴되면 지구 온난화가 심해져 환경에 피해를 주지요. 이러한 문제를 해결하기 위해 요즘에는 '천연가스'를 냉매로 사용하고 있답니다.

❶ 압축기
기체 상태의 냉매에 높은 압력을 주어 온도와 압력이 높은 기체로 만든다.

❷ 응축기
기체가 파이프를 타고 흐르면서 점점 온도가 낮은 액체로 변한다.

❸ 모세관
냉매가 이곳을 지나면서 속도가 빨라지고 압력은 낮아진다.

❹ 증발기
온도와 압력이 낮아진 냉매가 주변의 열을 빨아들여 기체 상태로 돌아간다. 그래서 냉장고가 시원해진다.

⬅ 냉매의 이동

냉매가 돌고 돌아 온도를 조정하는 거야.

다양한 주방 도구

주방에서 사용하는 작은 도구 속에도 과학 원리가 숨어 있어요. 어떤 것이 있는지 살펴봐요.

지렛대의 원리가 주방 도구에 쏙!

주방에서 쉽게 볼 수 있는 가위와 병따개, 그리고 집게의 공통점은 무엇일까요? 모양은 다양하지만, 모두 지렛대의 원리를 이용한 도구예요. 지레는 힘을 주는 힘점과 받침대인 받침점, 힘이 작용하는 작용점으로 이루어져요. 힘점에 힘을 주면 힘이 받침점을 딛고 작용점에 있는 물체가 올라와요. 이때 받침점이 힘점과 작용점 사이에 있으면 1종 지레, 받침점과 힘점 사이에 작용점이 있으면 2종 지레, 받침점에서 작용점까지의 길이가 받침점에서 힘점 사이의 길이보다 길면 3종 지레라고 나눈답니다.

지렛대의 원리를 알면, 무거운 물건을 쉽게 옮길 수 있어!

가위(1종 지레)

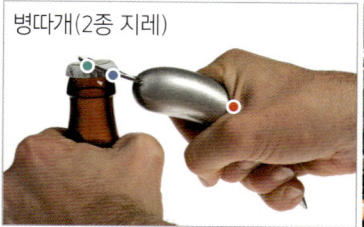
병따개(2종 지레)

집게(3종 지레)

● 힘점   ● 받침점   ● 작용점

랩 속에 정전기가 쏙!

집에서 먹고 남은 음식을 깔끔하게 보관할 때 주로 랩을 사용해요. 보통 접시에 담아 랩을 씌워 놓지요. 언뜻 보기에는 그저 얇은 비닐처럼 보이는데 어떻게 접시에 착 달라붙는 걸까요?

그건 바로 두 면이 맞닿아 있다가 떨어질 때 생겨나는 정전기 때문이에요. 발생한 정전기가 (+)와 (−)일 때는 서로 붙으려는 힘(인력)이 생겨요. 반대로 (+)와 (+), 그리고 (−)와 (−)일 때는 서로 밀어 내려는 힘(척력)이 생긴답니다.

랩을 감았다가 떨어질 때 그 표면에는 (+)와 (−) 정전기가 생겨요. 이 (+), (−)가 접시의 (−), (+)를 이끌어 서로 끌어당기기 때문에 붙지요. 한 번 사용한 랩은 정전기가 사라져 다시 쓰기 어렵다는 것도 알아 두세요!

TIP

음식 속 마찰력

동태에 달걀물만 묻히려고 하면 잘 묻지 않고 흘러내려요. 그 이유는 바로 마찰력 때문이에요. 마찰력이란 서로 맞닿아 있는 두 물체 중 한 물체가 다른 물체의 움직임을 방해하는 데 작용하는 힘이에요. 동태도 미끄럽고 달걀물도 미끄럽기 때문에 둘 사이의 마찰력은 매우 낮지요. 이때 동태에 밀가루를 묻히면 표면이 거칠어져서 달걀물과의 마찰력이 강해져 전을 부치기 쉬워지지요.

한눈에 쏙!

주방에서 만나는 과학

가마솥

- 열의 전달과 압력을 이용한 주방 도구
- 뚜껑이 무쇠로 만들어져 무겁기 때문에 열이 밖으로 빠져나가지 못함
  ⋯▶ 압력이 높아짐 ⋯▶ 온도가 100도 이상 올라감 ⋯▶ 밥이 더 맛있어짐
- 전기 압력 밥솥 : 가마솥의 원리를 이용한 전자 제품

시루

- 열의 대류와 기화열을 이용한 주방 도구
- 솥에 물을 담아 끓임 ⋯▶ 열이 대류하면서 물이 끓음 ⋯▶ 뜨거운 수증기 (기화열)가 시루 바닥에 있는 구멍을 통해 위로 올라감 ⋯▶ 시루에 있는 음식이 골고루 익음
- 찜기 : 시루와 솥의 원리를 이용한 주방 도구

바닥에 구멍이 뚫려 있는 시루

기화열을 만들어 내는 솥

전자레인지
- 음식을 간편하고 빠르게 데우는 전자 제품
- 마이크로파라고 하는 전자기파를 이용
- 전자기파의 특징 : 물이 전자기파를 흡수하면 매우 빠르게 진동 …▶ 열 생성
- 사용 시 주의 사항 : 일반 플라스틱이나 스티로폼, 알루미늄 포일, 은박 접시, 종이 포장지 등은 넣으면 안 됨

인덕션 레인지
- 자기장을 이용해 열을 만들어 사용하는 조리 도구
- 자석처럼 쇠붙이를 끌어당기는 힘을 이용하여 열을 냄
- 냄비는 자석에 붙는 금속 재질이어야 함
- 짧은 시간 안에 높은 열을 낼 수 있기 때문에 편리함
- 가스레인지나 전자레인지보다 안전하고 효율이 높음

냉장고와 김치냉장고
- 식재료와 식품을 신선하게 보관하기 위한 전자 제품
- 뜨거운 공기는 위로 올라가고 차가운 공기는 아래로 내려가는 열의 움직임을 이용함

다양한 주방 도구
- 지렛대의 원리를 사용한 도구 : 가위, 병따개, 집게 등
- 정전기의 원리를 이용한 도구 : 랩

한 걸음 더!

조리 도구를 안전하게 사용하자!

요리를 할 때는 다양한 조리 도구를 사용하므로, 안전에 주의를 기울여야 해요. 자칫하면 불이 날 수도 있고, 심한 경우에는 폭발하는 조리 도구도 있답니다. 그렇다면 어떤 도구들을 조심해야 하는지 알아볼까요?

압력 밥솥은 폭발할 수 있어요!

압력 밥솥은 물이 수증기가 될 때 부피가 1,300배 이상 커지면서 엄청난 힘을 발생하는 원리를 이용해 만들어져요. 이 때문에 압력 밥솥 안에 든 물은 100도 이상으로 끓고, 조리 시간을 줄이면서, 음식의 속까지 골고루 잘 익게 만들어요. 뚜껑에는 압력을 빼기 위한 추가 달려 있어요. 이 추는 기름이나 끈적거리는 요리를 만들 때면 막힐 수가 있으니 주의해야 해요. 막히면 뻥! 터지니까요.

튀김 기름은 화상을 입혀요!

튀김 기름은 아주 쉽게 180도까지 올라가요. 높은 온도의 기름은 식재료에 묻은 약간의 물만 만나도 높이 튀어 오르지요. 그러므로 화상을 입을 위험이 높답니다. 만약 화상을 입었다면 찬물에 넣고 15분 이상 뜨거운 기운을 없애거나, 심할 경우에는 바로 병원으로 가야 해요.

전자레인지에서 음식물이 폭발할 수 있어요!

전자레인지에 절대 돌려서는 안 되는 음식이 있어요.

1. 물만 데우기

전자레인지로 데운 물에 커피를 넣었을 때 갑자기 기포가 올라오는 현상을 돌비 현상이라고 해요. 불로 끓였을 때와는 달리 전자레인지로는 100도 이상까지 오를 수 있기 때문이에요.

2. 오징어볶음

오징어를 전자레인지에 넣고 돌리면 안에 든 수분이 빠져나가지 못해 폭발할 수 있어요.

3. 달걀

날달걀을 넣고 돌리면 터져 버려요. 달걀 안에 든 수분이 갑자기 팽창하여 얇은 껍데기까지 깨지기 때문이에요.

칼을 잘못 잡으면 크게 베일 수 있어요!

부모님을 도와 요리를 할 때 칼을 쓸 일이 있을 거예요. 그럴 때 칼을 제대로 잡지 않으면 손이 미끄러져요. 칼도 지렛대의 원리를 이용한 도구예요. 따라서 칼자루만 쥐는 것보다 칼등을 엄지와 검지로 잡아 힘점으로 삼으면, 훨씬 다루기가 쉽답니다.

- 발효의 마법 - 된장과 치즈
- 녹는 초콜릿과 굳는 두부
- 신김치와 달걀 껍데기로 보는 산과 염기
- 말랑말랑한 푸딩과 젤리

한눈에 쏙 - 맛의 풍미를 높여라!
한 걸음 더 - 냄새와 맛의 비밀

★ **커드** 우유에 산성 물질을 넣었을 때 생기는 딱딱한 물질

리코타 치즈 샐러드

① 우유를 냄비에 붓고 끓인다.
② 끓어오르면 약불로 줄인 뒤 레몬즙을 넣는다.
③ 나무 주걱을 이용해 한쪽 방향으로 젓는다.
④ 주걱으로 저었을 때 몽글해진 느낌이 들면 불을 끈다.
⑤ 소쿠리 위에 젖은 면포를 깔고 4번 재료를 붓는다.
그런 뒤 받침 그릇 위에 올려놔 유청*을 뺀다.

 – 촉촉한 치즈를 먹고 싶다면 1시간 정도 그대로 둘 것!
 – 딱딱한 치즈가 좋다면 4시간 이상 그대로 둘 것!

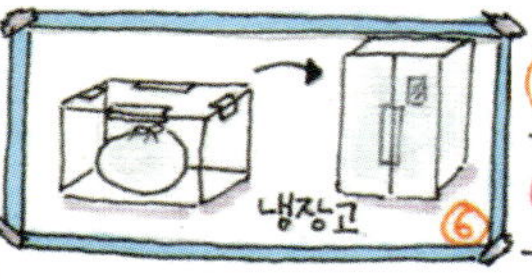

⑥ 면포를 꽉 묶은 뒤 통에 담아 냉장고에 넣고 하루 정도 놔둔다.
⑦ 숙성된 치즈를 꺼내 각종 채소와 과일에 얹어 먹는다.

> 만드는 방법도 쉽고, 맛도 좋네? 이젠 리코타 치즈만 해 먹을 거야!

★ **유청** 우유가 엉겨서 굳은 뒤 남은 액체

발효의 마법 – 된장과 치즈

된장과 치즈는 닮은 점이 많아요. 오래 둘수록 고약한 냄새가 풀풀 나지요. 된장은 콩, 치즈는 우유로 만드는데 두 재료 모두 단백질이 풍부해요. 콩과 우유에 있는 단백질은 그냥 먹을 때보다 미생물에 의해 발효되었을 때 훨씬 맛있답니다.

발효란 미생물이 가지고 있는 효소를 이용하여 식재료의 상태를 변화시키는 과정을 뜻해요. 이 과정에서 고약한 냄새가 생기지요.

음식을 발효시키면 맛과 향이 깊어져요. 또 소화하기 쉬운 상태가 되기 때문에 많은 사람들이 발효 음식을 즐겨 먹는답니다.

메주는 콩을 쪄서 만든 것으로, 짚으로 묶어 매달아 말려요.

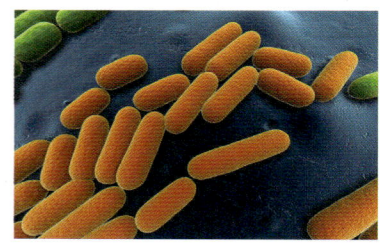

짚에 있는 고초균이란 미생물이 메주 속 단백질을 발효시켜요.

메주를 소금물에 40일 정도 넣어 두면 소금물은 간장, 메주는 된장이 돼요.

메주가 맛있어야 된장이 맛있고, 된장이 맛있어야 된장찌개도 맛있지!

된장과 마찬가지로 치즈도 옛날부터 먹어 온 음식이에요. 된장은 이미 고조선 때부터 먹었다는 기록이 있고, 치즈는 삼국 시대의 역사를 기록한 《삼국유사》에 '락(酪)'이라는 이름으로 등장해요. 락은 말린 우유로, 지금의 치즈와 비슷했어요.

백성들에게 피해를 주지 않도록 유우소를 없애라!

락의 인기는 아주 높아서 고려 때는 유우소라는 목장까지 운영했답니다. 그러다 조선 시대에 세종이 이 목장을 없앴어요. 왕과 왕족들이 먹을 치즈와 우유를 생산하느라 너무 많은 사람이 유우소에서 일하는 바람에 백성에게 피해를 끼쳤거든요.

그 후, 치즈와 우유는 왕과 왕족도 아주 가끔 즐기는 귀한 음식이 되었어요. 그러다 1900년대에 서양인들이 젖소를 여러 마리 가지고 들어오면서부터 일반 사람들도 우유를 먹게 됐답니다.

TIP

치즈의 종류

치즈는 어떤 곰팡이에 의해 발효되었느냐에 따라 종류가 달라져요.

푸른곰팡이를 넣어 만든 고르곤졸라

흰 곰팡이를 넣어 만든 카망베르

프로피온산균이 만드는 가스 때문에 구멍이 생기는 에멘탈

녹는 초콜릿과 굳는 두부

간식으로 즐겨 먹는 초콜릿은 평소에는 딱딱한데, 입에 넣으면 살살 녹아요. 반찬으로 즐겨 먹는 두부는 부들부들한 순두부가 있는가 하면, 찌개용으로 나온 단단한 두부도 있지요. 같은 성분인데 상태가 이렇게 다른 이유는 뭘까요?

녹는점의 비밀

초콜릿은 카카오버터★, 카카오매스★, 설탕으로 이루어져 있어요. 그중 카카오버터는 입속 체온인 33도에서 녹아요. 그 이하의 온도에서는 다시 굳지요. 이렇게 고체였던 초콜릿이 액체로 변하는 온도를 '녹는점'이라고 해요.

반대로 액체가 된 초콜릿이 고체로 변하는 온도를 '어는점'이라고 해요. 어는점은 원래 물이 얼음으로 변하는 온도를 뜻하지만, 액체가 고체

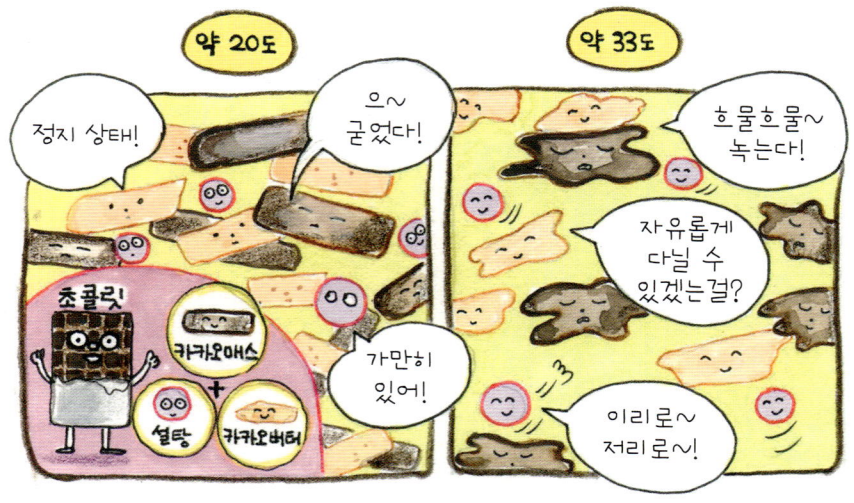

★ **카카오버터** 카카오콩에서 뽑아낸 기름
★ **카카오매스** 볶은 카카오콩을 곱게 간 반죽

로 변하는 온도라는 뜻도 있지요. 카카오버터의 양이 많으면 어는점이 내려가요. 진한 초콜릿의 경우, 카카오매스가 카카오버터보다 더 많이 들어 있어 딱딱하고, 입안에서 잘 녹지 않는답니다.

두부가 굳는 이유

두부는 콩으로 만든 두유에 바닷물에서 소금을 얻고 남은 간수를 넣어 만들어요. 이때 틀에 넣고 눌러서 물을 빼면 두부가 되고, 물을 빼지 않으면 순두부가 돼요. 두유는 간수의 양이 많을수록 빨리 단단해져요. 간수의 양이 적으면 굳는 시간도 길어지고 부들부들해지지요.

간수에는 염화마그네슘이란 눈에 보이지 않을 정도로 작은 알갱이들이 녹아 있어요. 이것은 염소와 마그네슘이라는 두 개의 알갱이가 합쳐진 물질인데, 물에 닿으면 스르륵 녹아 둘로 나뉘어요.

이렇게 나뉜 알갱이 중 마그네슘은 두유에 들어 있는 콩 단백질과 합쳐져요. 그렇게 되면 콩 단백질은 꼼짝도 못하고 굳는답니다.

신김치와 달걀 껍데기로 보는 산과 염기

김치는 푹 익어 버리면 시큼한 맛이 나지요. 신김치로 만드는 맛있는 요리도 많지만, 때로는 먹을 수 없을 정도로 신맛이 강할 때가 있어요. 이럴 때 달걀 껍데기를 넣어 두면 신맛이 줄어든답니다. 이러한 맛의 변화는 왜 일어나는 걸까요?

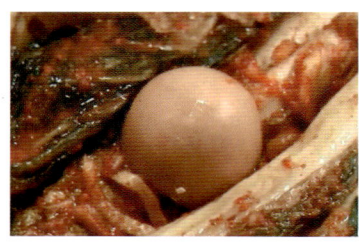

산성과 염기성의 비밀

이러한 변화를 알기 위해서는 일단 산도(pH)란 말을 알아야 해요. 산도란 산의 세기를 말해요. 보통 0에서 14까지의 숫자로 나타내는데, 7보다 작으면 산성이고 7보다 크면 염기성이에요.

신맛이 나는 음식은 대부분 산성이에요. 산성의 특징 중 하나가 신맛이거든요. 김치가 푹 익어서 시큼한 맛이 나는 것도 젖산 때문이랍니다.

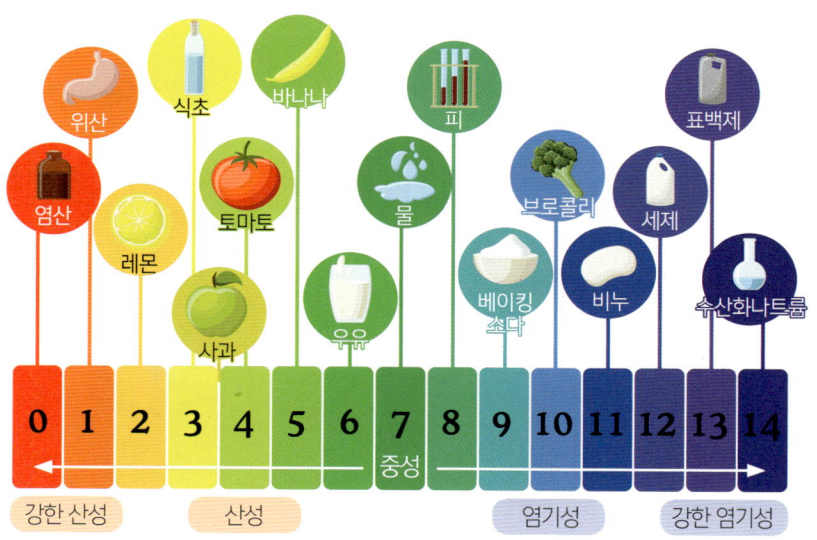

신맛을 없애는 중화 현상

산과 염기가 만나면 서로의 특징이 없어지는 '중화' 현상이 일어나요. 따라서 신김치가 염기성을 만나면 신맛을 없앨 수 있지요.

달걀 껍데기나 조개 껍데기는 염기성 물질이에요. 우리 주변에서 쉽게 구할 수 있는 염기성 물질이기 때문에 신김치의 신맛을 없애는 데 주로 사용한답니다.

산성이 만든 분홍색 피클

보라색 양배추를 식초에 담가 두면 분홍빛의 새콤달콤한 피클이 돼요. 이러한 색깔의 변화는 식초 때문이에요. 보라색 양배추에 들어 있는 안토시아닌이란 색소가 산성인 식초를 만나 색이 변했기 때문이랍니다.

오늘은 양배추로 아삭아삭한 피클을 담가야지!

TIP

리트머스 종이

리트머스 종이는 산성과 염기성을 판단하는 종이예요. 리트머스 종이를 용액에 담갔을 때 붉은색으로 변하면 산성, 푸른색으로 변하면 염기성이랍니다. 색의 변화가 없으면 중성이에요.

말랑말랑한 푸딩과 젤리

푸딩과 젤리는 재미난 식감과 맛 때문에 어린이들이 즐겨 먹는 간식이지요. 두 음식은 만드는 법은 비슷하지만, 만들어지는 원리는 달라요. 푸딩과 젤리의 비밀을 알아볼까요?

푸딩 푸딩을 만드는 방법은 다양해요. 그중 감자에서 얻은 녹말가루를 이용해 만드는 방법이 있어요. 과일주스나 우유에 녹말을 넣고 끓이면 녹말을 이루고 있는 알갱이들이 액체를 흡수하면서 점점 커져요. 푸딩이 말캉한 건 바로 이 알갱이들이 식어도 그대로 있기 때문이에요.

젤리 동물의 단백질에서 얻은 콜라겐을 이용해 만들어요. 콜라겐은 동물의 뼈, 피부, 연골, 비늘에 들어 있어요. 이것을 오랫동안 끓이면 녹아서 흐물흐물한 젤라틴이 되지요.
젤라틴에 과일주스나 시럽을 섞어 같이 끓이다가 여러 모양의 틀에 넣고 굳히면, 우리가 먹는 탱글탱글한 젤리가 된답니다.

젤리 속에 콜라겐의 양이 많을수록 식감이 더욱 탱글탱글해요.

과학 지식을 이용한 음식의 세계 분자 요리

분자 요리는 프랑스의 물리 화학자 에르베 티스와 헝가리의 물리학자 니콜라스 쿠르티가 1988년에 제시한 요리예요. 그들은 분자 요리를 통해 재료의 맛뿐만 아니라 질감과 향까지도 최고로 이끌어 내는 방법을 찾으려고 했어요.

이때부터 요리사들은 과학 지식을 이용해 상상을 넘어서는 모양과 질감을 표현하려고 노력했어요. 또한 새로운 요리를 만들어 내는 데 힘쓰고 있답니다. 어떠한 요리가 있는지 살펴봐요.

당근주스로 만든 스파게티예요. 그 주변에 보이는 철갑상어알 모양의 음식은 딸기주스로 만든 거예요.

해조류에 들어 있는 끈적한 물질과 과일주스를 섞어 철갑상어알과 비슷하게 생긴 음식을 만들어요.

녹여 먹는 체리주스예요. 영하 196도인 액체질소를 이용하여 주스를 순식간에 얼린 음식이랍니다.

한눈에 쏙!

맛의 풍미를 높여라!

된장과 치즈
- 된장은 콩, 치즈는 우유로 만듦 ⋯ 두 재료 모두 단백질이 풍부함
- 콩과 우유에 있는 단백질은 미생물에 의해 발효되었을 때 훨씬 맛있음
- 발효 : 미생물이 가지고 있는 효소를 이용하여 식재료의 상태를 변화시키는 과정 ⋯ 이 과정에서 맛과 향이 깊어지고 소화하기 쉬운 상태가 됨

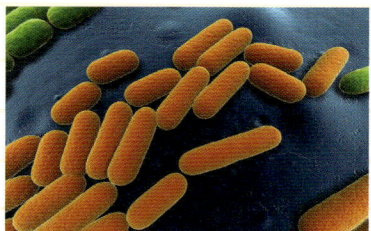

메주 속 단백질을 발효시키는 고초균

초콜릿과 두부
- 녹는점 : 고체가 액체로 변하는 온도
- 초콜릿 : 카카오매스가 카카오버터보다 더 많이 들어 있으면 녹는점이 높아서 딱딱하고 입안에서 잘 녹지 않음
- 어는점 : 액체가 고체로 변하는 온도
- 두부 : 콩으로 만든 두유에 간수를 넣어 굳힌 것
- 두유는 간수의 양이 많을수록 단단하게 굳음
  ⋯ 간수에 있는 마그네슘 성분이 콩 단백질과 만나 굳게 함

음식 속 산과 염기

- 산도(pH) : 용액이 가지고 있는 산의 세기
  0부터 14까지의 숫자로 나타내며 pH7은 중성
  pH7보다 작으면 산성, pH7보다 크면 염기성
- 리트머스 종이를 산성 용액에 담그면 붉은색으로, 염기성 용액에 담그면 푸른색으로 변하며, 중성에 담그면 색 변화가 없음

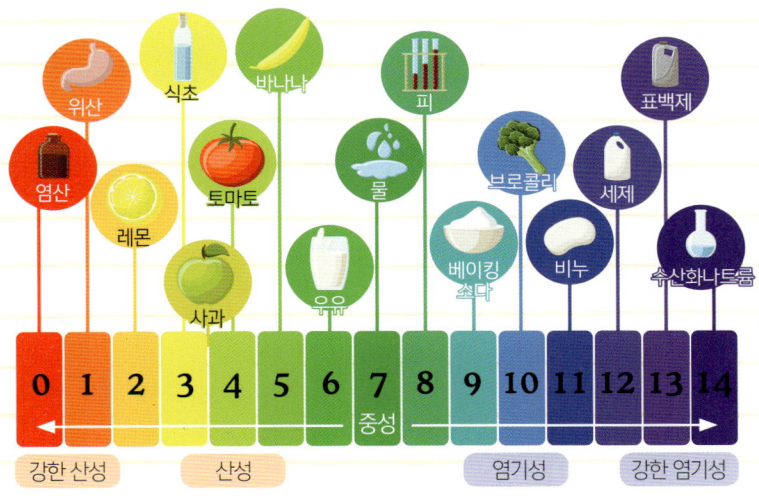

푸딩과 젤리

- 푸딩 : 과일주스나 우유에 녹말가루를 넣고 끓이면, 녹말 속 알갱이들이 액체를 흡수하면서 말랑해짐
- 젤리 : 동물의 단백질에서 얻은 콜라겐을 이용해 만듦
  녹아서 젤라틴이 되면 과일주스를 붓고
  끓였다가 식힘 ⋯ 탱글탱글한 젤리가 됨

한 걸음 더!

냄새와 맛의 비밀

사람들은 코로 냄새를 맡고, 혀로 맛을 느껴요. 우리 몸은 어떻게 냄새와 맛을 받아들이는 걸까요? 코와 입에 대해 알아봐요.

냄새 맡는 코

코에 있는 후각 세포도 맛을 느낄 수 있어요. 그래서 코를 막고 음식을 먹으면 맛을 덜 느끼게 돼요.

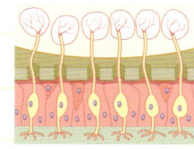

❶ 양파는 대표적인 휘발성 식재료예요. 강한 냄새가 담긴 알갱이를 뿜어낸다는 뜻이지요.

❷ 콧구멍을 통해 양파 냄새가 담긴 알갱이가 공기와 섞여 들어와요.

❸ 코 깊숙한 곳에 위치한 자잘한 털에서 양파의 냄새 알갱이들을 빨아들여요. 그러면 후각 세포가 양파의 알싸한 냄새를 알아채요.

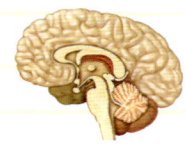

❹ 뇌가 세포의 느낌을 읽고 "윽, 매워!" 하고 반응해요.

맛을 보는 혀

❶ 사과를 먹을 때 이는 여러 역할을 해요. 앞니는 자르고, 송곳니는 찢고, 어금니는 부수는 일을 하지요.

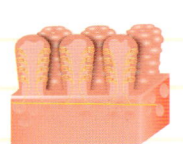

❷ 혀의 윗면에 있는, 맛을 느끼는 맛봉오리 '미뢰'를 통해 사과의 맛 알갱이를 빨아들여요.

코로는 수천 가지의 맛을 느낄 수 있지만, 혀는 다섯 가지 맛만 느낄 수 있어. 바로 쓴맛, 단맛, 짠맛, 감칠맛, 신맛이지.

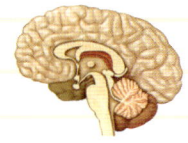

❸ 미뢰 안의 미각 세포들이 알갱이에 대한 정보를 뇌로 보내요. 뇌는 눈으로 본 음식 정보와 미각 세포가 보낸 정보를 모아 사과의 맛을 알아내요.

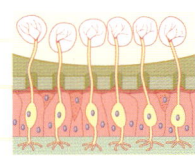

❹ 목구멍으로 넘어가던 사과에서 달콤한 냄새가 올라와 후각 세포를 자극하면 맛을 더 정확히 파악한답니다.

- 세계의 아침 식사
- 세계의 식사 예절
- 세계의 결혼 음식
- 세계의 엽기 음식

한눈에 쏙 - 세계의 음식
한 걸음 더 - 미래의 식재료 : 곤충

 **세계의 아침 식사**

현대에는 세계의 식탁 위에 오르는 음식들이 비슷해요. 하지만 여전히 각 나라마다 더 자주 먹는 음식이 있답니다. 아침 식사를 통해 그 차이를 알아볼까요?

영국·미국

토스트와 달걀프라이, 바삭하게 구운 베이컨과 소시지, 콩 요리 등을 먹어요.

프랑스

버터를 듬뿍 넣어 초승달 모양으로 구운 크루아상에 잼을 발라 먹어요. 과일이나 커피, 홍차 등과 함께 먹어요.

중국

돼지고기나 소고기 완자, 해산물 등을 넣은 '콘지'라는 죽을 즐겨 먹어요. 도넛과 비슷한 '요우티아오'도 함께 먹어요.

대만

밀가루 반죽을 전병처럼 둥글게 부쳐서 달걀, 햄, 치즈, 옥수수 등을 넣고 돌돌 말아 먹어요.

일본

우리나라처럼 밥과 국, 간단한 반찬이 기본이에요. 반찬으로는 절인 야채를 곁들이지요. 생선구이도 자주 먹어요.

남인도

쌀가루로 만든 마살라도사를 감자나 닭고기에 곁들여 먹어요. 음료로는 홍차에 우유를 부어 끓인 차이를 곁들이지요.

터키

주식 빵인 에크멕에 오이, 치즈, 달걀, 토마토 등을 곁들여, 진하게 우린 홍차와 함께 먹어요.

아침 식사를 잘 챙겨 먹어야 건강에 좋아!

TIP

아침 식사의 중요성

아침 식사는 세끼 식사 중에 가장 중요해요. 잠을 자고 일어난 뒤, 아침을 거르고 점심 식사 때까지 빈속으로 생활하면 뇌에 영양분이 부족해져요. 그러면 집중력이 떨어지고 건강도 나빠질 수 있어요. 따라서 아침 식사는 꼭 챙겨 먹도록 해요.

 # 세계의 식사 예절

우리나라에선 식사 중에 코를 풀거나 트림을 하는 것을 예의 없다고 해요. 하지만 독일에선 밥을 먹다가 코를 푸는 행동을 전혀 신경 쓰지 않아요. 중국에선 트림을 하면 음식을 맛있게 잘 먹었다는 뜻으로 받아들인답니다. 이처럼 세계 각국마다 식사 예절이 다 달라요.

이탈리아 느긋한 성격이라 주문한 뒤 재촉하면 안 돼요. 스파게티는 포크에 감아 끊지 말고 한 번에 먹어야 해요.

중국 음식을 다 먹으면 모자라다는 의미예요. 식사 중 생선을 뒤집는 건 아주 나쁜 뜻이므로 조심해야 해요.

이슬람 국가 식사할 때 왼손을 사용하지 않아요.

브라질 음식을 손으로 직접 들고 먹으면 큰 실례예요.

일본 한번 집은 음식은 다시 내려놓지 않아요.

서양식 코스 요리 **식사 예절**

서유럽을 중심으로 발전한 서양식 코스 요리는 많은 포크와 나이프 그리고 스푼을 사용하기 때문에 헷갈리지요. 하지만 몇 가지 원칙만 알아 두면 아주 쉽답니다.

① 자리에 앉으면 냅킨을 반으로 접어 무릎 위에 올려놓아요.
② 접시 양쪽에 놓인 포크와 스푼, 나이프는 바깥쪽부터 사용해요.
③ 나이프는 오른손, 포크는 왼손에 들어요. 미국에선 미리 잘라 놓고 먹는 걸 좋아하고, 유럽에선 미리 자르지 않아요. 단, 나이프를 왼손으로 쥐는 건 실례예요.
④ 식사 중에는 나이프와 포크를 접시 위에 두고 끝나면 둘을 모아 오른쪽에 내려놓아요.

칼을 사용할 때는 칼끝으로 남을 겨누면 안 돼요!

세계의 결혼 음식

오늘날 결혼식의 모습은 전 세계적으로 비슷해지고 있어요. 신부는 웨딩드레스를 입고, 신랑은 턱시도를 입고 하객들의 축하를 받지요. 하지만 결혼식 음식만큼은 각 나라의 전통을 그대로 지키는 곳이 많답니다. 그 이유는 그 음식들이 상징하는 행운과 축복 때문이에요.

우리나라에서는 결혼식 때 폐백 음식을 준비해요. 폐백이란 신부가 결혼식날 신랑의 집안 어른들에게 인사를 하는 것으로, 음식도 함께 준비해요. 행운을 상징하는 구절판, 자손 번성을 뜻하는 대추 등을 마련해요. 다른 나라의 결혼 음식으로는 어떤 음식들이 있는지 살펴봐요.

러시아의 결혼 빵과 설탕

신랑과 신부가 먹는 빵으로, 더 많이 베어 먹는 사람이 신혼 생활을 이끈대요. 빵 가운데에는 달콤한 미래를 뜻하는 설탕이 있답니다.

일본의 새우 요리

허리가 굽은 새우처럼 늙을 때까지 잘 살라는 의미가 담겨 있어요. 또한 붉은색이 나쁜 기운을 쫓는다고 믿는대요.

이탈리아의 쌀 뿌리기

신랑, 신부에게 쌀을 던지는 풍습이 있어요. 수많은 쌀알을 맺는 벼와 같이, 결혼해서 아이를 많이 낳고 행복하게 살라는 의미예요.

태국의 포이통

태국에서 통은 금을 뜻하는 단어예요. 이 음식은 금과 영원한 관계를 뜻하는 간식으로, 달걀 노른자로 만들어요.

세계의 엽기 음식

각 나라마다 풍습이 다르다 보니 때론 그 나라 음식이 다른 나라 사람 눈에 징그러워 보일 때가 있어요. 우리나라 사람들이 고소해서 좋아하는 번데기는 뽕잎을 먹고 자라는 벌레로 만들어요. 중국인들은 병아리가 되기 직전의 달걀을 마오딴(털난 달걀)이라고 부르는데, 이를 삶거나 꼬치구이로 만들어 먹어요. 필리핀에서도 발롯이라는 부화 직전의 오리가 든 오리알을 삶아 먹어요.

이 음식은 모두 고단백질이라는 공통점이 있어요. 쉽게 고기를 먹기 어려웠던 옛날, 사람들에게 이 음식들은 몸을 건강하게 만들어 주는 보양식 역할을 했답니다.

필리핀의 발롯
부화 직전인 오리알로 만든 요리

중국의 제비집 스프
제비의 둥지를 떼어 만든 스프

이탈리아의 카스마르주
구더기로 발효시킨 치즈

TIP
다른 나라에서 생각하는 우리나라의 이상한 음식 산낙지

살아 있는 낙지를 썰어서 참기름과 깨를 넣고 조물조물 해서 먹는 산낙지회는 우리나라 사람들에게 인기가 많은 요리예요. 하지만 낙지나 문어를 잘 먹지 않는 서양인들의 눈에는 매우 엽기적인 음식으로 꼽힌답니다.

한눈에 쏙!

세계의 음식

세계의 아침 식사
- 영국과 미국 : 토스트, 달걀프라이, 베이컨, 소시지, 콩 요리 등
- 프랑스 : 크루아상, 과일, 커피, 홍차 등
- 중국 : 고기나 해산물을 넣은 죽 콘지, 도넛과 비슷한 요우티아오 등
- 대만 : 밀가루 전병에 달걀, 햄, 치즈, 옥수수 등을 넣어 먹음
- 일본 : 우리나라처럼 밥, 국, 간단한 반찬 등을 먹음
- 남인도 : 쌀가루로 만든 마살라도사에 감자나 닭고기 싸 먹음
- 터키 : 주식 빵인 에크멕, 오이, 치즈, 달걀, 토마토 등

세계의 식사 예절
- 우리나라 : 식사 도중에 코를 풀거나 트림을 하면 안 됨
- 중국 : 트림을 하면 음식을 맛있게 잘 먹었다는 뜻
- 이탈리아 : 음식을 주문한 뒤 재촉하면 안 됨
- 이슬람 국가 : 식사할 땐 오른손만 사용해야 함
- 브라질 : 음식을 손으로 직접 들고 먹으면 안 됨
- 일본 : 한번 집은 음식은 다시 내려놓지 않음

서양식 코스 요리의 식사 예절

① 자리에 앉으면 냅킨을 반으로 접어 무릎 위에 올려놓아요.
② 접시 양쪽에 놓인 포크와 스푼, 나이프는 바깥쪽부터 사용해요.
③ 나이프는 오른손, 포크는 왼손에 들어요. 미국에선 미리 잘라 놓고 먹는 걸 좋아하고, 유럽에선 미리 자르지 않아요. 단, 나이프를 왼손으로 쥐는 건 실례예요.
④ 식사 중에는 나이프와 포크를 접시 위에 두고 끝나면 둘을 모아 오른쪽에 내려놓아요.

세계의 결혼 음식

러시아의 결혼 빵과 설탕 / 일본의 새우 요리 / 이탈리아의 쌀 뿌리기 / 태국의 포이통

세계의 엽기 음식

필리핀의 발롯 / 중국의 제비집 스프 / 이탈리아의 카스마르주

한 걸음 더!

미래의 식재료 : 곤충

2015년, 유엔에서는 2050년이 되면 세계 인구수가 96억 명을 넘어설 거라고 발표했어요. 현재도 세계 인구수에 비해 지구에서 생산되는 식량의 양이 모자란 상황이기 때문에 상당히 심각한 식량난이 올 수 있지요. 그래서 많은 과학자들이 새로운 식재료 개발에 힘을 쏟고 있어요. 현재 가장 유망한 식재료로 꼽히고 있는 것은 '곤충'이랍니다.

단백질이 가득한 곤충

벌레 곤 벌레 충

곤충은 몸이 머리, 가슴, 배, 세 부분으로 구성된, 다리가 여섯 개인 동물이에요.

지구에 약 3억 5,000만 년 전부터 살았던 곤충은 개체 수가 1,000경 마리에 이른답니다. '경'이란 1조의 1만 배가 되는 수예요.

개체 수가 많을 뿐만 아니라, 기르기 쉽고, 단백질을 비롯한 각종 영양분이 들어 있어 식재료로 주목받고 있어요.

먹기 불편한 모습의 식용 곤충

곤충은 멋진 식재료지만, 한 가지 큰 문제가 있어요. 바로 생김새가 징그러운 곤충을 먹으려면 매우 큰 용기가 필요하다는 점이에요. 보기만 해도 소름이 쫙 끼치는 모습이라면 더욱 고민하게 되지요.

이러한 꺼림칙한 마음을 줄이기 위해, 우리나라에서는 2014년부터 농림축산식품부의 주최로 식용 곤충 요리 경연 대회를 열고 있답니다.

식용 곤충을 이용한 다양한 요리

6화
심야 카페 바리스타

직업 음식과 요리를 만드는 사람들

- 입을 즐겁게 해 주는 요리사
- 빵과 디저트를 만드는 제빵사와 파티쉐
- 달콤함의 마법사 쇼콜라티에
- 커피를 만드는 바리스타

한눈에 쏙 - 음식과 요리를 만드는 사람들
한 걸음 더 - 미식의 세계 : 미쉐린 가이드

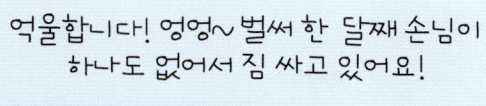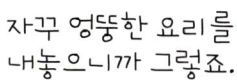

입을 즐겁게 해 주는 요리사

요리사는 다양한 식재료를 이용해 여러 가지 방법으로 요리를 하는 사람이에요.

요리사들은 맛있는 요리를 할 뿐만 아니라 식재료의 준비와 상태를 살피고 관리를 해요. 또한 식기, 조리 도구, 조리실의 위생을 책임진답니다.

요리사가 되려면?

전문적인 요리사가 되려면 나라에서 시행하는 조리기능사 자격증을 따야 해요. 이 자격증은 어떤 요리를 하느냐에 따라 한식 조리기능사, 양식 조리기능사, 중식 조리기능사, 일식 조리기능사, 복어 조리기능사 등으로 나뉜답니다. 이런 자격증은 사설 학원에 다니면 딸 수 있어요.

조리과학 고등학교나 대학에서 조리과, 조리과학과, 호텔조리과 등 관련 학과를 졸업하면 더 다양한 길로 나갈 수 있어요.

나도 요리에 대해 전문적으로 배워야 하는데.

요리사는 어디서 일할까?

호텔과 일반 음식점, 회사와 학교에서 일해요. 특급 호텔의 경우 요리사의 활약이 아주 중요하답니다. 그래서 회사처럼 직책이 나뉘어 있을 정도지요.

총주방장을 선두로 그 밑에 10개나 되는 직책이 있는데 가장 마지막인 요리사 보조는 온종일 야채 다듬기, 식재료 정리, 음식 운반 등의 일을 한답니다.

회사와 학교에서 일하는 요리사를 급식 조리사라고 부르는데, 영양사와 함께 일을 해요. 음식의 맛도 중요하지만, 영양의 균형과 위생적인 요리를 하는 데 신경을 쓴답니다.

요즘엔 요리사를 셰프라고 불러요. 이는 프랑스어예요. 프랑스에선 부서의 장을 셰프라 부르는데, 우리나라를 비롯한 몇몇 나라에서는 총주방장을 뜻하는 말이 됐답니다.

TIP

맛과 영양을 책임지는 영양사

영양사는 개인이나 단체를 대상으로 적절한 영양을 흡수할 수 있도록 계획하고 준비하는 일을 해요. 회사나 학교에서 운영하는 식당에는 반드시 영양사를 고용하도록 법으로 정해져 있답니다.
영양사가 되려면 대학에서 식품영양학이나 식품학을 전공하고 자격증을 따야 해요.

# 빵과 디저트를 만드는 제빵사와 파티쉐

제빵사는 빵을 만드는 사람이에요. 빵은 수천 년 전부터 식탁에 올랐던 만큼, 역사도 깊고 종류도 다양하지요. 그중에서도 전 세계적으로 인기를 끌고 있는 건 유럽에서 탄생한 빵이랍니다.

파티쉐는 밀가루, 설탕, 달걀 등을 이용해 과자나 케이크, 쿠키를 만드는 사람이에요. 이는 프랑스어이고, 우리말로는 제과사라고 해요.

제빵사나 파티쉐가 되려면?

제빵사나 파티쉐가 되려면 제과 전문 학원을 다니거나 대학에서 식품가공과, 제과제빵과 등 요리 관련 학과를 졸업한 뒤 한국 산업 인력 공단에서 주관하는 제과기능장, 제과기능사 자격증을 따야 해요.

수많은 요리 분야 중에서도 제과, 제빵은 독창적이고 기발한 작품들이 자주 등장해요. 사람들의 눈과 입을 사로잡아야 하기 때문이에요. 그래서 디저트가 발달한 일본이나 프랑스로 유학을 가는 사람들이 많답니다.

제빵사와 파티쉐는 어디서 일할까?

호텔, 제과업체, 제과점 등에서 일해요. 하지만 요즘에는 제빵사나 파티쉐가 자기 가게를 내고 빵이나 디저트만을 전문으로 파는 경우가 많답니다.

제빵사와 파티쉐는 항상 빵과 디저트의 맛과 모양을 연구해야 하고, 미적인 감각도 필요해요.

이를 위해서 자신의 실력을 입증할 수 있는 전문 대회에 출전하는 이들도 늘어나고 있어요.

나도 꾸준히 연습해서 세계 제빵 월드컵에 나가 볼 거야!

TIP

세계 제빵 월드컵과 세계 파티쉐 월드컵

1992년 시작된 세계 제빵 월드컵은 4년에 한 번, 세계 파티쉐 월드컵은 2년에 한 번 프랑스에서 열려요. 대륙 간 본선을 치를 정도로 치열해요. 이 대회를 통해 새로운 빵과 케이크가 계속 탄생하고 있지요.

2016년에는 세계 제빵 월드컵에서 한국 팀이 대상을 받았어요. 연꽃무늬가 들어간 쑥향이 나는 빵과 고구려 무용총의 수렵도를 본떠 만든 빵으로 심사 위원들의 마음을 사로잡았대요.

달콤함의 마법사 쇼콜라티에

프랑스어로 초콜릿을 '쇼콜라'라고 해요. 쇼콜라티에는 초콜릿 장인 또는 초콜릿 공예가를 뜻하지요. 초콜릿의 원료인 카카오 원두를 고르고 초콜릿을 만든 다음, 가공하고 포장 디자인까지 맡는 예술가랍니다. 때론 초콜릿과 어울리는 음료와 음식도 만들어요.

쇼콜라티에가 되려면?

우리나라에는 쇼콜라티에를 전문적으로 가르치는 학교가 없어요. 아직까지는 제과의 한 분야로 여기기 때문에 제과 관련 학원과 학교에서 공부한 뒤 한국 쇼콜라티에 협회에서 주관하는 자격증 시험을 치르지요. 그러다 보니 유럽의 제과 학교에서 쇼콜라티에 전문 과정을 밟는 경우가 많답니다.

쇼콜라티에는 어디서 일할까?

호텔이나 초콜릿 관련 제과업체에서 일해요. 자신만의 초콜릿 가게를 열어서 가르치고 초콜릿을 만들어 팔기도 해요.

 커피를 만드는 바리스타

바리스타는 커피를 만드는 사람이에요. 커피를 만들기 위해서는 먼저 커피의 재료인 원두를 고르고 불에 잘 볶는 로스팅을 해요. 그다음 원두를 갈아 가루로 만든 뒤, 물과 우유 등을 이용해 커피를 완성하지요.

바리스타가 되려면?

바리스타 학원을 다닌 뒤 한국 커피 협회, 한국 능력 교육 개발원, 한국 음료 직업 교육 개발원 등이 주관하는 바리스타 자격증 시험을 치러요. 원두는 저마다 다른 맛을 내므로 좋은 원두를 골라내고 알맞게 볶는 과정은 직접 커피를 만들면서 배우는 수밖에 없어요.

요즘에는 로스터(커피콩 볶는 사람)와 커퍼(커피의 맛과 품질을 평가하는 사람) 자격증까지 함께 따는 경우가 많아요. 또한 우유 거품을 이용해 예쁜 그림을 그리는 라떼 아트를 공부하기도 해요.

한눈에 쏙!

음식과 요리를 만드는 사람들

요리사

- 다양한 식재료를 이용해 여러 방법으로 요리를 하는 사람
- 요리를 할 뿐만 아니라 식재료 준비 및 관리도 함
- 조리기능사 자격증을 따면 도움이 됨
- 조리기능사 자격증 종류 : 한식, 양식, 중식, 일식 등
- 요리 학원에 다니거나 관련 학교를 졸업하면 더 다양한 길로 나갈 수 있음
- 호텔이나 일반 음식점, 회사나 학교 등에서 일함

제빵사와 파티쉐

- 제빵사 : 빵을 만드는 사람
- 파티쉐(제과사) : 과자나 케이크, 쿠키 등의 디저트를 만드는 사람
- 제빵사나 파티쉐가 되려면? 제과기능장이나 제과기능사 자격증을 따야 함, 제과 전문 학원을 다니거나 대학에서 관련 학과를 졸업하면 활동하는 데 도움이 됨

- 제빵과 제과는 사람들의 눈과 입을 사로잡아야 하므로 독창적이고 기발해야 함

쇼콜라티에
- 초콜릿 장인 또는 초콜릿 공예가를 뜻함
- 쇼콜라 : 프랑스어로 초콜릿이라는 뜻
- 제과 관련 기관에서 배움

바리스타
- 커피를 만드는 사람
- 원두를 로스팅한 뒤, 가루를 내어 물과 우유 등을 이용해 커피를 완성
- 여러 기관에서 주관하는 바리스타 자격증이 있으면 도움이 됨
- 로스터와 커퍼 자격증도 함께 따는 경우가 많음
- 로스터 : 커피콩을 볶는 사람
- 커퍼 : 커피의 맛과 품질을 평가하는 사람

한 걸음 더!

미식의 세계 : 미쉐린 가이드

미쉐린 가이드는 프랑스 타이어 제조 회사인 미쉐린이 매년 봄에 펴내는 레스토랑 및 여행 정보 책이에요. 미쉐린에서는 1900년에 타이어를 구매한 고객에게 무료로 여행 안내 책자를 나눠 주었는데, 이것이 바로 미쉐린 가이드의 시작이었어요.

몰래 왔다 사라지는 평가단

레스토랑을 평가하는 평가원은 미쉐린의 직원으로, 레스토랑이나 호텔 업계에 경력이 있는 사람들이에요. 평가원은 절대로 자신들의 신분을 밝히지 않고, 음식만 먹고 가요. 평가 기준은 오직 맛, 요리 그 자체만 놓고 평가한답니다.

레스토랑의 점수는 별점으로 표시돼요. 레스토랑의 맛과 서비스, 청결도에 대한 판단 기준은 알려진 게 아무것도 없어요. 그러나 신뢰도가 매우 높아 전 세계적으로 인정받고 있답니다.

❀ 요리가 훌륭한 레스토랑

❀❀ 요리가 훌륭하여, 멀리 찾아갈 만한 가치가 있는 레스토랑

❀❀❀ 요리가 매우 훌륭하여, 특별한 여행을 떠날 가치가 있는 레스토랑

별 3개를 받은 식당은 어떻게 될까?

레스토랑이 아무리 먼 곳에 있어도 별 3개를 받게 되면, 손님이 매우 많이 와요. 프랑스에서는 거의 1년치 예약이 다 잡힌다고 해요. 레스토랑이 유명해지면 덩달아 요리사도 유명세를 떨치게 된답니다. 별 3개를 받았다고 해서 안심하면 안 돼요. 별 2개나 1개로 내려가는 경우도 있거든요. 미쉐린 가이드는 매년 심사하기 때문에 그런 경우가 종종 있대요. 그래서 미쉐린 가이드에 뽑혔던 레스토랑의 요리사들은 해마다 별점을 유지하기 위해 엄청난 노력을 기울인답니다.

우리나라에도 등장한 미쉐린 가이드

전 세계적인 인기를 끌자 미쉐린 가이드는 세계 곳곳에서 출간되었어요. 우리나라에는 2016년부터 출간되었지요. 첫해에만 우리나라 음식점 중 총 24곳이 뽑혔어요. 그중 별 3개를 받은 식당은 2곳이나 있답니다.

1화 심야 식당 오픈

1 70만 년 전, 사람들은 다른 동물과는 다르게 두 다리로 바로 서서 걷기 시작했어요. 구석기 사람들에 대한 설명 중 틀린 말을 하는 사람을 고르세요.

① 미영 : 손을 자유롭게 쓸 수 있어.
② 은영 : 더 많은 음식을 모을 수 있어.
③ 해인 : 눈의 위치가 높아져서 더 먼 곳까지 볼 수 있어.
④ 솔지 : 마을을 이루고 농사를 지으며 살았어.

2 최초의 요리는 불로 조리한 음식이었어요. 불에 익힌 음식에 대한 설명으로 옳은 것을 모두 고르세요.

① 소화가 더 잘된다.
② 음식을 불에 익히면 맛이 없다.
③ 익힌 고기보다 날고기로 먹을 때 훨씬 부드럽다.
④ 기생충이나 병균을 없앨 수 있어 질병을 막을 수 있다.

3 다음 조리 도구와 그 이름을 알맞게 짝지어 보세요.

 ①   　　　　　　　㉠ 주먹 도끼

 ②   　　　　　　　㉡ 갈판

 ③   　　　　　　　㉢ 솥

4 만약 내가 구석기에 태어났다면 어떤 요리를 만들어 먹었을지 써 보고, 그 음식을 그림으로 그려 봐요. 서술형 문항 대비 ✔

2화 요리의 변신

1 다음 글을 읽고 빈칸에 공통으로 들어갈 알맞은 말을 고르세요.

> 고대 로마 사람들은 음식에 (   )을/를 넣어서 독특한 맛을 냈어요. (   )
> 은/는 세균을 없애는 효과가 있어서 식재료를 오래 보관할 때 큰 도움이 되었어요.
> 또 음식의 향과 맛을 좋게 했지요.

① 물
② 쌀
③ 기름
④ 향신료

2 아래 고구려 벽화를 보고, 이 그림을 통해 알 수 있는 사실에 대해 자유롭게 써 봐요. `서술형 문항 대비` ✓

3 아래 명화를 보고, 이 그림을 통해 알 수 있는 사실에 대해 자유롭게 써 봐요.

----

4 다음 중 커피의 역사에 대해 틀린 말을 하는 사람은 누구일까요?

① 커피의 원조 국가는 에티오피아야.

② 중국 운남성에 가면 3,200년 된 야생 커피나무가 있어.

③ 에스프레소와 카푸치노를 만든 건 이탈리아야.

④ 전 세계 커피의 40퍼센트 이상이 브라질에서 생산돼.

3화 조리 도구의 비밀

1 다음 중 가마솥에 대한 설명으로 틀린 것을 고르세요.

① 솥에 밥을 하면 압력이 낮아서 쌀이 빨리 익는다.
② 동그란 가마솥을 부뚜막에 얹어 사용했다.
③ 가마솥 뚜껑은 매우 무거워서 열이 밖으로 빠져나가지 못한다.
④ 전기 압력 밥솥은 가마솥의 원리를 이용한 현대 조리 기구이다.

2 다음 글을 읽고 빈칸에 알맞은 말을 보기에서 골라 써 보세요.

솥 위에 올리는 (㉠)의 바닥에는 구멍이 뚫려 있어요. 솥에서 끓기 시작하는 물은 조금씩 수증기가 되어 위로 날아가지요. 이 수증기는 열을 품고 있어요. 이 열을 (㉡)이라고 부른답니다. 구멍을 통해 위로 올라간 (㉡)은 (㉠)에 있는 음식을 골고루 익혀요.

보기

뚝배기   시루   열의 대류   기화열   열의 전달   가마솥

㉠ : _____   ㉡ : _____

3 다음 중 전자레인지를 사용할 때의 주의 사항으로 옳은 것을 고르세요.

① 스티로폼 용기는 열에 강하므로 사용해도 된다.
② 음식물이 새지 못하게 뚜껑을 꽉 닫은 채로 넣는다.
③ 종이 재질의 포장지는 불이 날 수 있으므로 넣으면 안 된다.
④ 알루미늄 포일은 전자기파를 모두 흡수하므로 사용해도 된다.

4 다음 중 지렛대의 원리가 사용된 주방 도구가 아닌 것을 고르세요.

① 가위
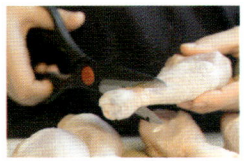

② 병따개

③ 집게

④ 랩

4화 조리법이야, 마법이야?

1 다음 중 된장과 치즈의 공통점으로 틀린 것을 고르세요.

① 된장과 치즈는 발효 식품이다.
② 된장과 치즈는 오랜 옛날부터 먹었다.
③ 된장과 치즈의 고약한 냄새는 발효가 되면서 나온다.
④ 된장과 치즈는 푸른곰팡이만 발효를 일으킨다.

2 다음 중 설명이 옳은 것을 고르세요.

① 고체가 액체로 변하는 온도를 녹는점이라고 한다.
② 액체가 기체로 변하는 온도를 어는점이라고 한다.
③ 초콜릿은 온도가 낮을수록 잘 녹고, 높을수록 잘 굳는다.
④ 두유의 콩 단백질은 간수에 있는 마그네슘을 만나면 녹는다.

3 다음 글을 읽고 빈칸에 알맞은 말을 보기에서 골라 써 보세요.

> 산도란 용액이 가지고 있는 (㉠)의 (㉡)를 말해요. 보통 0에서 14까지의 숫자로 나타내는데, 7보다 작으면 (㉢), 7보다 크면 (㉣)으로 분류한답니다.

보기   세기   산   염기성   산성

㉠: _____ ㉡: _____ ㉢: _____ ㉣: _____

4 다음 그림은 리트머스 종이를 용액에 담갔을 때 변화된 모습이에요. 리트머스 종이의 변화된 색깔과 단어를 알맞게 짝지어 보세요.

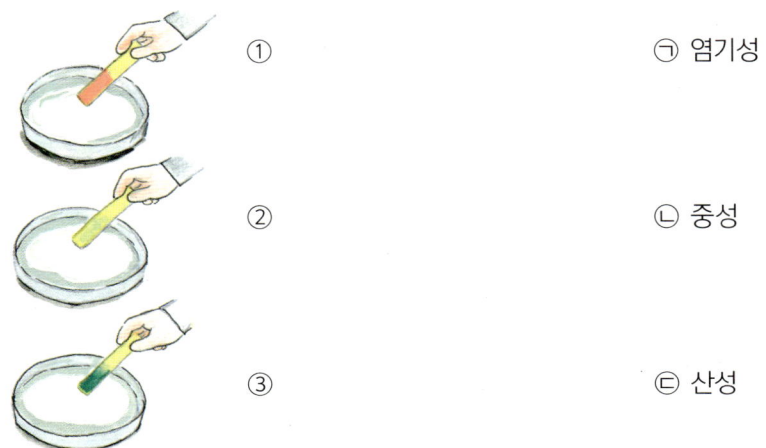

5화 듣도 보도 못한 음식의 세계

1 다음은 세계 여러 나라의 아침 식사 사진이에요. 나라마다 더 자주 먹는 음식이 있는데, 음식과 나라를 알맞게 짝지어 보세요.

 ①   ㉠ 영국

 ②   ㉡ 일본

 ③   ㉢ 프랑스

 ④   ㉣ 남인도

 ⑤   ㉤ 중국

2 다음 중 각 나라의 식사 예절에 대한 설명으로 옳은 것을 고르세요.

① 이탈리아에서는 스파게티를 잘게 끊어 먹어야 한다.
② 이슬람 국가에서는 식사할 때 오른손만 사용해야 한다.
③ 중국에서는 식사 후에 트림을 하면 음식이 맛없다는 뜻이다.
④ 일본에서는 젓가락으로 처음 집은 음식은 내려놓고, 두 번째로 집은 것을 먹어야 한다.

3 나라와 문화권마다 식사 예절에 차이가 있어요. 여러 나라의 식사 예절을 조사해 봐요. 서술형 문항 대비 ✓

나라	식사 예절
프랑스	식당에 들어가 빈자리에 바로 앉는 것은 실례이다. 종업원의 안내에 따라 자리 배정을 받고 앉아야 한다.

 **6화 심야 카페 바리스타**

1 다음 중 요리사에 대한 설명으로 틀린 것을 고르세요.

① 요즘엔 요리사를 셰프라고 많이 부른다.
② 다양한 식재료를 이용해 요리를 하는 사람이다.
③ 조리기능사 자격증을 따면 요리사가 되는 데 도움이 된다.
④ 개인이나 단체를 대상으로 적절한 영양을 섭취할 수 있게 계획하고 준비한다.

2 다음 글을 읽고, 어떤 직업에 대한 설명인지 고르세요.

> 이 직업은 밀가루, 설탕, 달걀 등을 이용해 과자나 케이크, 쿠키를 만드는 사람이에요. 사람들의 눈과 입을 사로잡아야 하므로, 독창적이고 기발한 디저트를 만들기 위해 노력해요.

① 바리스타
② 파티쉐
③ 쇼콜라티에
④ 제빵사

3 만약 여러분이 세계 파티쉐 월드컵에 나간다면 어떤 디저트를 만들고 싶나요? 상상력을 발휘하여 글과 그림으로 표현해 봐요. 서술형 문항 대비

4 음식과 관련된 일은 이 책에 소개된 직업 외에도 많이 있어요. 어떤 직업이 있는지 더 조사해 봐요. 서술형 문항 대비

직업	하는 일
푸드스타일리스트	음식이나 식기, 식탁 위를 요리의 성격과 주변 분위기에 맞게 디자인하는 사람

정답 및 해설

1화

1. ④
→ 마을을 이루고 농사를 지은 건 신석기 시대부터예요. (☞16~19쪽)

2. ①, ④
→ 음식을 불에 익혀 먹으면, 훨씬 부드럽고, 맛있으며, 소화가 잘돼요. 또한 날고기를 익히면 그 안에 든 기생충이나 병균을 없앨 수 있어 질병을 막을 수 있어요. (☞17쪽)

3. ①-ⓒ ②-⊙ ③-ⓒ
→ 갈판은 곡식이나 열매 등을 가는 판이에요. 주먹 도끼는 식재료를 다듬거나 사냥을 할 때 사용했지요. 솥은 음식을 익히는 도구예요. (☞18, 24~25쪽)

4. 자유롭게 상상하여 적고 그려 봐요.

2화

1. ④
→ 고대 로마 사람들은 향신료를 많이 사용했어요. 식재료를 오래 보관하기 위해, 음식의 향과 맛을 더 좋게 하기 위해 사용했답니다. (☞32~33쪽)

2. 자유롭게 생각하여 적어 봐요.
→ 예) 부뚜막에 시루를 이용하여 요리를 했어요. (☞34~35쪽)

3. 자유롭게 조사하여 적어 봐요.
→ 예) 18세기의 유럽 사람들은 포크로 감자를 먹었어요. (☞38~39쪽)

4. ②
→ 중국은 차의 원조 국가예요. 운남성에 가면 3,200년 된 야생 차나무를 볼 수 있어요. (☞42~43쪽)

3화

1. ①
→ 가마솥에 밥을 하면 압력이 높아서 촉촉하고 맛있어요. (☞50쪽)

2. ⊙ 시루 ⓒ 기화열
→ 솥 위에 얹어 음식을 찌는 도구는 시루예요. 바닥에 있는 구멍을 통해 올라오는 기화열로 음식을 익혀요. (☞50~51쪽)

3. ③
→ 스티로폼 용기는 열에 약하므로 전자레인지에 사용하면 안 돼요. 알루미늄 포일은 전자기파를 모두 반사하므로 불꽃이 일어나 불이 날 수 있어요. 꽉 막힌 음식 용기를 넣으면 폭발의 위험이 있답니다. (☞52~53쪽)

4. ④
→ 랩은 정전기의 원리를 이용한 도구예요. (☞56~57쪽)

4화

1. ④
… 발효는 미생물이 가지고 있는 효소를 이용하여 식재료의 상태를 변화시키는 과정이에요. 발효를 일으키는 미생물은 푸른곰팡이뿐만 아니라 다양하게 있지요. (☞65~69쪽)

2. ①
… 어는점은 액체가 고체로 변하는 온도예요. 초콜릿은 온도가 낮을수록 잘 굳고, 온도가 높을수록 잘 녹아요. 두유의 콩 단백질은 간수에 있는 마그네슘을 만나 굳는답니다.
(☞70~71쪽)

3. ㉠ 산 ㉡ 세기 ㉢ 산성 ㉣ 염기성
… 산도는 용액이 가지고 있는 산의 세기예요. 0에서 14까지의 숫자로 나타내는데, 7보다 작으면 산성, 7보다 크면 염기성으로 분류한답니다. (☞72~73쪽)

4. ①-㉢ ②-㉡ ③-㉠
… 리트머스 종이는 산성 용액과 닿으면 붉은색, 염기성 용액과 닿으면 푸른색으로 변해요. 중성에 닿으면 색깔의 변화가 없어요.
(☞72~73쪽)

5화

1. ①-㉡ ②-㉢ ③-㉠ ④-㉤ ⑤-㉣
… 일본의 아침 식사는 밥, 국, 반찬이 기본이에요. 프랑스는 크루아상과 과일을 먹지요. 영국은 베이컨과 소시지, 달걀프라이, 콩 요리 등을 먹어요. 중국은 콘지와 요우티아오, 남인도는 마살라도사에 감자나 닭고기를 곁들여 먹어요. (☞86~87쪽)

2. ②
… 이슬람 국가는 왼손을 불결하다고 생각하므로, 식사할 때 오른손만 사용해요.
(☞88쪽)

3. 자유롭게 조사하여 적어 봐요.

6화

1. ④
… 개인이나 단체를 대상으로 적절한 영양을 섭취할 수 있게 계획하고 준비하는 사람은 영양사예요. (☞103쪽)

2. ②
… 바리스타는 커피, 쇼콜라티에는 초콜릿, 제빵사는 빵을 만드는 사람이에요.
(☞104~107쪽)

3. 자유롭게 상상하여 쓰고, 그려 봐요.
4. 자유롭게 조사하여 적어 봐요.

찾아보기

ㄱ
가마솥 …………………………… 50
간석기 …………………………… 18
건조 기후 ………………………… 20
고산 기후 ………………………… 21
기화열 …………………………… 51
기후 ……………………………… 21

ㄴ
냉대 기후 ………………………… 20
냉매 ……………………………… 55
녹는점 …………………………… 70

ㄷ
뗀석기 …………………………… 18
뚝배기 …………………………… 51

ㄹ
로스터 ………………………… 107
리트머스 종이 …………………… 73

ㅁ
미뢰 ……………………………… 79
미쉐린 가이드 …………… 110~111

ㅂ
바리스타 ……………………… 107
발효 ……………………………… 68
분자 요리 ……………………… 75

ㅅ
《산가요록》 ……………………… 33
산도 ………………………… 72~73
산성 ………………………… 72~73
세계 제빵 월드컵 ……………… 105
세계 파티쉐 월드컵 …………… 105
솥 ………………………………… 34
쇼콜라 ………………………… 106
쇼콜라티에 …………………… 106
시루 ………………………… 34, 51
식용 곤충 …………………… 94~95

ㅇ

어는점	70
열대 기후	20
열의 대류	51
염기성	72~73
영양사	103
온대 기후	21
요리사	102~103
인덕션 레인지	53
인력	57

ㅈ

자기장	53
전자기파	52
전자레인지	52
정전기	57
제빵사	104~105
젤라틴	74
주먹 도끼	18
주식	19
중성	72~73
중화	73
지렛대의 원리	56

ㅊ

차	42~43
척력	57

ㅋ

커퍼	107
커피	42~43, 107
콜라겐	74

ㅌ

토기	34

ㅍ

파티쉐	104~105

ㅎ

한대 기후	21
향신료	32~33
후추	32~33

초등학교 선생님이 추천한 책!

사회가 쉬워지는 통합교과 정보서
참 잘했어요 사회

개념·역사·과학·안전·직업 등 다양한 관점으로 차를 바라봐요!

명진이는 교통수단 행사장에서 특별한 친구를 만나요.
자신이 조선 시대 아씨라고 주장하는 예진이에요.
당연히 거짓말일 줄 알았는데, 자동차나 비행기조차
모르는 걸 보면 예진의 말이 진짜 같기도 해요.
두 친구와 함께 교통수단에 대해 알아볼까요?

글 **이안** | 그림 **박재현** | 감수 **초등교사모임** | 값 **11,000원**

⑪ 내가 입는 옷   ⑫ 내가 먹는 음식   ⑬ 내가 사는 집   ⑭ 함께 사는 동물

재미있는 스토리	쉽고 자세한 설명	서술형 평가에 대비하는 워크북
		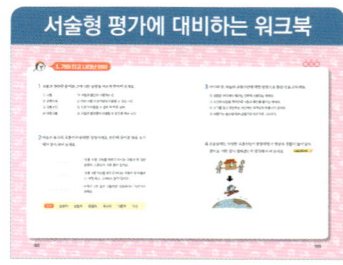

참 잘했어요 사회 시리즈는 초등 교과 과정에 알맞게 개발한 통합교과 정보서입니다.

1~10권도 재미있고 유익해!

지학사아르볼